FRUSTRACIÓN DE LA EJECUCIÓN E INSOLVENCIAS PUNIBLES

FERNANDO VÁZQUEZ-PORTOMEÑE SEIJAS

Catedrático de Derecho penal

Universidad de Santiago de Compostela

FRUSTRACIÓN DE LA EJECUCIÓN E INSOLVENCIAS PUNIBLES

© Fernando Vázquez-Portomeñe Seijas, 2024
© **Editorial Aranzadi, S.A.U.**

Editorial Aranzadi, S.A.U.
C/ Collado Mediano, 9
28231 Las Rozas (Madrid)
Tel: 91 602 01 82
e-mail: clienteslaley@aranzadilaley.es
https://www.aranzadilaley.es

Primera edición: 2024

Depósito Legal: M-22550-2024
ISBN versión impresa: 978-84-1078-891-6
ISBN versión electrónica: 978-84-1078-892-3

Diseño, Preimpresión e Impresión: Editorial Aranzadi, S.A.U.
Printed in Spain

ÍNDICE GENERAL

Capítulo 1

INTRODUCCIÓN

La reforma operada por la LO 1/2015, de 30 de marzo, sin duda una de las más importantes sufridas por esta materia en el Código penal, incidió en la sistemática y el contenido de las figuras tradicionalmente reguladas bajo la rúbrica «Insolvencias punibles». Además de en la incorporación de tipos novedosos (como el favorecimiento de acreedores anterior a la declaración del concurso o los delitos falsarios en el ámbito de los procesos de ejecución), su especial relevancia estribó, fundamentalmente, en la reorganización de estos delitos y de sus contenidos en dos capítulos dentro del Título XIII: el VII, destinado a la «Frustración de la ejecución» (arts. 257 a 258 ter) y el VIII bis, que lleva por rúbrica «De las insolvencias punibles» (arts. 259 a 262 bis). Anteriores modificaciones habían afectado a aspectos menos relevantes. En la llevada a cabo por la LO 5/2010, de 22 de junio, se habían incluido dos nuevos apartados en el art. 257 y el art. 261 bis, que prevé la responsabilidad penal de las personas jurídicas[1]. Con anterioridad, la LO 15/2003, de 25 de noviembre, les había dado una nueva redacción a los arts. 259, 260 y 262, adaptada al nuevo régimen concursal de la Ley 22/2003, de 9 de julio.

Como acaba de apuntarse, la modificación del Capítulo VII no se limitó únicamente a la denominación de la rúbrica. Aunque en el actual art. 257 pueden encontrarse los vestigios de los anteriores arts. 257.1.1.°, 257.1.2.° y 258, tanto en lo relativo a las conductas como a las penas, en él se introdujeron cambios de calado a los que se hace referencia en el Preámbulo de la LO 1/2015, que alude a la criminalización de «dos nuevas figuras delictivas que están llamadas a completar la tutela penal de los procedimientos de ejecución y, con ello, del crédito: la ocultación de bienes en un procedimiento judicial o administración de ejecución (art. 258 CP) y la utilización no autorizada por el depositario de bienes embargados por la autoridad (art. 258 bis CP)».

Por su parte, las modificaciones introducidas en el Capítulo VII bis, que sí conserva la rúbrica del anterior Capítulo VII («de las insolvencias punibles»), se orientaron —a tenor de ese mismo Preámbulo— a conjugar «una doble necesidad: la de facilitar una respuesta penal adecuada a los supuestos de realización de actuaciones contrarias al deber de diligencia en la gestión de asuntos económicos que se producen en el contexto

---

1. Sobre ella, GARCÍA RIVAS, N., «Insolvencias punibles», en ÁLVAREZ GARCÍA, F. J. (dir.), *Derecho Penal Español, Parte Especial (II)*, Tirant lo Blanch, Valencia, 2011, pp. 355 y ss.

de una situación de crisis económica del sujeto o empresa y que pone en peligro los intereses de los acreedores y el orden socioeconómico, o son directamente causales de la situación de concurso; y la de ofrecer suficiente certeza y seguridad en la determinación de las conductas punibles, es decir, aquellas contrarias al deber de diligencia en la gestión de los asuntos económicos que constituyen un riesgo no permitido». Para ello, el legislador amplió de forma significativa el catálogo de conductas típicas, dando entrada al favorecimiento a determinados acreedores —distinguiendo las conductas realizadas con anterioridad a la declaración del concurso, pero cuando el deudor se hallaba ya en situación de insolvencia actual o inminente, de aquellas otras cuya ejecución se produce después de la admisión a trámite del procedimiento concursal— y al falseamiento del estado contable para obtener la declaración de insolvencia.

La doctrina ha puesto de manifiesto que la reforma se produjo, al menos parcialmente, a partir del alcance que la jurisprudencia le había venido dando a los delitos de insolvencias punibles[2]; y es que, vista con perspectiva histórica, la decisión de traer a primer plano la idea de la frustración de la ejecución constituye el final de un cierto proceso evolutivo que la ha llevado, en los últimos diez años, a situar el centro de gravedad de estos delitos, no en la mera enajenación de los bienes del patrimonio, sino en la propia frustración de las pretensiones de los acreedores que tengan su fundamento en obligaciones asumidas por el deudor, de ahí que «devenga irrelevante que el acreedor en la ejecución civil no haya instado diligencias en busca de otros bienes de su propiedad, no cabiendo exigirle ultimar el procedimiento de ejecución de su crédito hasta realizar los bienes embargados ni que tenga que agotar el patrimonio del deudor embargándole uno tras otro día todos sus bienes para, de este modo, llegar a conocer su verdadera y real situación económica»[3]. Cosa distinta es que, en puridad, el empleo de esa referencia en el intitulado del Capítulo VII no es coherente con el hecho de que no todas las conductas que engloba —comenzando por la figura tradicional de alzamiento del art. 257.1.°, por ejemplo— requieren que se haya iniciado el procedimiento de ejecución del crédito para su consumación[4].

---

2.   GALLEGO SOLER, J. I., «Capítulo VII. Frustración de la ejecución», en CORCOY BIDASOLO, M. / MIR PUIG, S. (dir.), *Comentarios al Código penal. Reforma LO 1/2015 y LO 2/2015*, Tirant lo Blanch, Valencia, 2015, p. 900.

3.   SAP Murcia de 15 de junio de 2015. En el mismo sentido puede verse la SAP Barcelona de 9 de julio de 1998.

4.   ROCA DE AGAPITO, L., «Alzamiento de bienes. Rúbrica del Capítulo VII del Título XIII del Libro II», en ÁLVAREZ GARCÍA, F. J., (dir.), *Estudio crítico sobre el anteproyecto de reforma penal de 2012*, Tomo II, Tirant lo Blanch, Valencia, 2013, p. 735; ESQUINAS VALVERDE, P., «La nueva regulación de los delitos de alzamiento de bienes en el Anteproyecto de Código penal de 2012/2013», *La Ley Penal*, n.° 105 (2013), p. 55; SOUTO GARCÍA, E., «La tutela penal del derecho de crédito tras la reforma operada por la Ley Orgánica 1/2015, de 30 de marzo: los "nuevos" delitos de frustración de la ejecución y de insolvencia punible», *Revista de derecho y proceso penal*, n.° 38 (2015), p. 145; BENÍTEZ ORTÚZAR, I. F., «Frustración en la ejecución e insolvencias punibles», en MORILLAS CUEVA, L. (dir.), *Estudios sobre el Código Penal reformado. Leyes Orgánicas 1/2015 y 2/2015*, Dykinson, Madrid, 2015, pp. 572 y 573. El informe realizado por el Consejo General del Poder Judicial sobre el Anteproyecto de Ley Orgánica de Reforma del Código Penal en su versión de 12 de octubre de 2012 indicaba que: «la denominación por la que se ha optado no resulta del todo

El legislador de 2015 optó, pues, por un modelo de sistematización que opone los delitos clásicos de alzamiento de bienes (realizados con anterioridad a la declaración de ejecución universal) a los concursales (posteriores a un procedimiento de ejecución universal). Ciertamente, dicho modelo no se compadece empero ni con la tradición jurídica en esta materia[5], ni con la naturaleza de las conductas incluidas en el Capítulo VII, cuyo presupuesto necesario es también la noción de insolvencia[6]. En aspectos como la referencia al autor del delito del art. 257.2 como persona que hubiere cometido el delito «o del que debiera responder» la técnica legislativa es, no obstante, tras la reforma, más correcta.

Antes de entrar a analizar cada uno de los tipos conviene abordar un elemento común a todos o a prácticamente todos los de los Capítulos VII y VII bis (como se verá, los únicos en los que no parece jugar ningún papel son los de los arts. 257.1.2.º y 261) y que es el que les permite, según se ha señalado, cumplir con las exigencias propias de un Derecho penal material, que protege un interés jurídico digno de tutela penal: el concepto de insolvencia. Suele definirse como una situación fáctica que encierra un desequilibrio patrimonial entre los valores realizables y las prestaciones exigibles y que impide que el acreedor tenga a su disposición medios para poder satisfacer su crédito en el patrimonio del deudor[7]. En tanto se produzca una frustración de las pretensiones de cobro, el legislador permite incluir dentro del ámbito de aplicación de estos tipos a las insolvencias reales (inexistencia efectiva de activos en el patrimonio del deudor) y a las aparentes (en que la insuficiencia del patrimonio del deudor para satisfacer el crédito viene provocada por la ocultación fraudulenta de bienes que, de no haber sido mutilados, habrían bastado para dar satisfacción a las obligaciones contraídas)[8]. Con-

---

precisa, pues la consumación de ciertas modalidades no requiere, siquiera, del inicio del procedimiento de ejecución. Tal es el caso del alzamiento de bienes en perjuicio de los acreedores artículo 257.1.1) pues como pone de relieve la doctrina jurisprudencial (vid por todos la STS de 15-6-2001), el delito referido... Es un delito de mera actividad o de resultado cortado, que no exige para su consumación la insolvencia del deudor ni un perjuicio efectivo para el acreedor, perjuicio que pertenece a la fase de agotamiento. La consumación tiene lugar al realizarse el acto de enajenación u ocultación, determinante de una insolvencia real o aparente, total o parcial, con el designio de imposibilitar el cobro del crédito con cargo a bienes del deudor». En contra GÓMEZ LANZ, F. J., «El nuevo régimen de la frustración de la ejecución y las insolvencias punibles», en BUSTOS RUBIO, M. / ABADÍAS SELMA, A. (dir.), *Una década de reformas penales. Análisis de diez años de cambios en el Código Penal (2010-2020)*, J. M. Bosch, Barcelona, 2020, p. 480 y nota 10.

5. GONZÁLEZ CUSSAC, J. L., «Delitos contra el patrimonio y el orden socioeconómico (VIII): frustración de la ejecución e insolvencias punibles», en GONZÁLEZ CUSSAC, J. L. (coord.), *Derecho penal. Parte Especial*, 8.ª ed., Tirant lo Blanch, Valencia, 2023, p. 488.

6. SOUTO GARCÍA, E., «Frustración de la ejecución e insolvencias punibles», en GONZÁLEZ CUSSAC, J. L. (dir.), *Comentarios a la reforma del Código Penal de 2015*, 2.ª ed., Tirant lo Blanch, Valencia, 2015, p.788.

7. GALLEGO SOLER, «Capítulo VII. Frustración...», cit., p. 902; BAJO FERNÁNDEZ, M. / BACIGALUPO SAGGESE, S., *Derecho penal económico*, Ed. Centro de Estudios Ramón Areces, Madrid, 2001, p. 373; MARTÍNEZ-BUJÁN PÉREZ, C., *Derecho penal económico y de la empresa. Parte Especial*, 7.ª ed., Tirant lo Blanch, Valencia, p. 61.

8. BAJO FERNÁNDEZ / BACIGALUPO SAGGESE, *Derecho penal económico*, cit., pp. 374 y 375; SOUTO GARCÍA, E., *Los delitos de alzamiento de bienes*, Tirant lo Blanch, Valencia, 2009, pp.

cretamente, mientras los delitos del alzamiento se asientan o pivotan sobre el concepto de insolvencia aparente, los concursales incluyen, además de conductas de ocultación, modalidades reales de disminución o destrucción del patrimonio [9].

Por lo que se refiere al binomio insolvencia total — insolvencia parcial, su desaparición tras la reforma de 2015 del art. 257.2 (había sido introducido en los arts. 258 y 260.1 y 3 del Código penal de 1995) hace innecesario manejarlo a efectos interpretativos. Dicho ello, cabe advertir que la totalidad o, al menos, una buena parte de las figuras del Capítulo VII se configura a partir del elemento de la insolvencia total del deudor. De hecho, la jurisprudencia mayoritaria no aprecia el delito de alzamiento —al no haber insolvencia ni dificultarse la vía de apremio— cuando existe algún bien no ocultado y conocido, de valor suficiente y libre de otras responsabilidades. Entre las sentencias que sostienen ese criterio puede mencionarse, entre muchas otras [10], la STS de 28 de noviembre de 2013, en la que se señala que «la existencia de este tipo delictivo no supone una conminación al deudor orientada a la inmovilización total de su patrimonio en tanto subsista su deuda, por lo que no existirá delito, aunque exista disposición de bienes si permanecen en poder del deudor patrimonio suficiente para satisfacer adecuadamente los derechos de los acreedores». La STS de 21 de marzo de 2019 hace también uso de él en un supuesto en que «se desconoce si el deudor tenía y tiene otros bienes suficientes para el pago de las cantidades adeudadas a los prestamistas y se desconoce el resultado de los procesos de ejecución civil sobre los que no hay información en autos, cuestión que en este caso es trascendental porque la realización de actos dispositivos sobre algunas fincas no excluye que pudiera haber otras sobre las que llevar a cabo una traba para el cobro de las cantidades adeudadas». «La información —termina diciendo— ha sido muy fragmentaria y no existe prueba bastante para hacer una valoración completa de la situación del deudor».

Afirmado ese estado (de insolvencia total), es irrelevante que el deudor pueda o no hacer frente a una parte de sus deudas [11]. Así las cosas, la operatividad de esa distinción se reduce al ámbito de la responsabilidad civil: lo habitual en la práctica forense es que,

---

157 y ss.; misma autora, «La tutela...», cit. p. 148; MARTÍNEZ-BUJÁN PÉREZ, *Derecho penal económico y de la empresa...*, cit., pp. 62 y 63; GUTIÉRREZ PÉREZ, E., *Alzamiento de bienes e insolvencias punibles. Bases para una teoría general*, Universidad de Alicante, Alicante, 2020, pp. 350 y 351.

9.   MARTÍNEZ-BUJÁN PÉREZ, *Derecho penal económico y de la empresa...*, cit., p. 63.

10.   Vid. STS de 27 de abril de 2000, STS de 18 de octubre de 2002, STS de 27 de noviembre de 2002, STS de 31 de enero de 2003, STS de 5 de julio de 2005, STS de 10 de febrero de 2006, SAP Castellón de 23 de mayo de 2006.

11.   VIVES ANTÓN / GONZÁLEZ CUSSAC indican que hablar de insolvencia parcial es una *contradictio in terminis* y que la jurisprudencia siempre ha venido exigiendo situaciones de «auténtica» insolvencia, a pesar de recurrir ocasionalmente a una terminología confusa: vid. VIVES ANTÓN, T. S. / GONZÁLEZ CUSSAC, J. L., *Los delitos de alzamiento de bienes*, Tirant lo Blanch, Valencia, 1998, p. 15.

en la pieza de responsabilidad civil, se distinga entre quienes pueden hacer frente a alguna obligación y quienes carecen de bienes[12].

La correcta delimitación de estos delitos obliga a distinguir asimismo entre ese estado de insolvencia y las situaciones de insolvencia provisional o falta de liquidez —en que el deudor, contando con un activo superior al pasivo, no puede cumplir sus obligaciones en el momento del vencimiento por la imposibilidad de convertir los bienes en dinero—, por una parte, y de mera insuficiencia —en que, aunque el activo es inferior al pasivo, las expectativas patrimoniales del deudor generan un crédito que le permite dar cumplimiento a las obligaciones contraídas—, por otra. Ninguna de ellas supone una verdadera insolvencia a los efectos de estos delitos[13]. *De lege ferenda* debe también diferenciarse entre insolvencia y cesación de pagos: un deudor solvente podría decidir dejar de pagar obligaciones vencidas y uno insolvente, haciendo uso de medios o procedimientos fraudulentos, obtener medios económicos suficientes para el pago[14]. Tampoco puede integrarse en el concepto de insolvencia, en fin, el de sobreendeudamiento, si bien podría reconducirse a la cláusula del número 9 del art. 259.1[15].

Para completar este esquema conceptual hay que mencionar los conceptos de «insolvencia actual» e «insolvencia inminente», introducidos por la LO 1/2015 y actualmente recogidos, tras la reforma operada por la Ley 16/2022, de 5 de septiembre, en el art. 3.2 TRLC. En su primer inciso dicha norma indica que se encuentra en estado de insolvencia actual «el deudor que no puede cumplir regularmente sus obligaciones exigibles». En cambio, se hallará en estado de insolvencia inminente —prosigue— «el deudor que prevea que dentro de los tres meses siguientes no podrá cumplir regular y puntualmente sus obligaciones», una previsibilidad que debe interpretarse en términos de incapacidad patrimonial y no de mera iliquidez[16]. Siendo evidente que cada uno de los tipos y subtipos en que se organizan estos delitos presenta perfiles diferentes, el papel que puedan desempeñar esas caracterizaciones legales tendrá que determinarse caso a caso, atendiendo siempre a las fórmulas y descripciones elegidas por el legislador para cada uno de ellos[17].

---

12. BAJO FERNÁNDEZ / BACIGALUPO SAGGESE, *Derecho penal económico*, cit., p. 375; RODRÍGUEZ MOURULLO, G., «Acerca de las insolvencias punibles», en LÓPEZ BARJA DE QUIROGA, J. / ZUGALDÍA ESPINAR, J. M. (coord.), *Dogmática y ley penal: libro homenaje a Enrique Bacigalupo*, Vol. 2, Marcial Pons, Madrid, 2004, p. 1158; SOUTO GARCÍA, *Los delitos...*, cit., pp. 174 y ss.; MARTÍNEZ-BUJÁN PÉREZ, *Derecho penal económico y de la empresa...*, cit., p. 64; STS de 15 de junio de 2006, STS de 16 de mayo de 2001, STS de 15 de abril de 2002.

13. SOUTO GARCÍA, «Frustración de la ejecución...», cit., p. 790; GARCÍA RIVAS, «Insolvencias...», cit., p. 356; BAJO FERNÁNDEZ, M. / BACIGALUPO SAGGESE, S., *Derecho penal económico*, cit., p. 374.

14. BAJO FERNÁNDEZ / BACIGALUPO SAGGESE, *Derecho penal económico*, cit., p. 374; MARTÍNEZ-BUJÁN PÉREZ, *Derecho penal económico y de la empresa...*, cit., p. 62.

15. SÁNCHEZ DAFAUCE, M., *Estudio crítico sobre el delito concursal*, Tirant lo Blanch, Valencia, 2020, pp. 46 y ss.

16. GUTIÉRREZ PÉREZ, *Alzamiento...*, cit., p. 397.

17. Vid. GARCÍA RIVAS, «Insolvencias...», cit., p. 356.

El bien jurídico protegido se identifica por un sector de la doctrina y la gran mayoría de la jurisprudencia con el derecho de los acreedores a satisfacer sus créditos en el patrimonio del deudor tras la evasión de los bienes que, conforme al art. 1911 del Código civil, se hallan adscritos al cumplimiento de las obligaciones[18]. La jurisprudencia del Tribunal Supremo se refiere, sin embargo, al derecho de crédito como garantía de los acreedores sobre el patrimonio del deudor en dos sentidos distintos. Algunas sentencias lo hacen en un sentido muy estricto como equivalente a una auténtica garantía real, fundamentada en lo dispuesto en el art. 1911. Dotar de ese contenido al derecho de crédito depara problemas técnicos bien percibidos por otro sector jurisprudencial, para el que la finalidad del alzamiento «no puede consistir en prohibir todo negocio jurídico de enajenación, sino en imponer una obligación de mantenimiento del valor global del patrimonio, dentro de lo que resulte socialmente adecuado»[19]. En esa línea se ha entendido que a través de su protección pretende afianzarse, más bien, «la actitud de respeto y atención que gravita sobre el obligado en una relación jurídica obligacional... no defraudando la confianza de sus acreedores»[20].

Junto a lo anterior, otras opiniones definen también el bien jurídico en referencia al correcto funcionamiento del sistema crediticio como pilar del orden económico[21]. Algunos autores, incluso, lo identifican directamente con «la exigencia del sistema de crédito que se basa en la fluidez de las operaciones y en la confianza en el buen éxito en las mismas», de modo que el castigo de estas conductas serviría para demostrar «la seriedad del sistema de cara a los demás miembros de la comunidad»[22]. Por último, un cuarto planteamiento entiende que se trata de delitos pertenecientes a la categoría de

---

18.   DEL ROSAL BLASCO, B., «Las insolvencias punibles a través del análisis del delito de alzamiento de bienes», *Anuario de Derecho penal y ciencias penales,* tomo 47 (1994), p. 11; OCAÑA RODRÍ-GUEZ, A., *El delito de alzamiento de bienes. Sus aspectos civiles,* Colex, Barcelona, 1997, p. 37; GONZÁLEZ PASTOR, C. P., «La insolvencia punible, modalidades previstas en el Código Penal de 1995, en la reforma del mismo y la incidencia en esta materia de la nueva Ley Concursal», *La Ley Penal,* núm. 3 (2004), p. 12; BENÍTEZ ORTÚZAR, «Frustración...», cit., p. 573; HUERTA TOCILDO, S., «Bien jurídico y resultado en los delitos de alzamiento de bienes», en ROMEO CASABONA, C. M. / CEREZO MIR, J. / SUÁREZ MONTES, R. F. / BERISTAIN IPIÑA, A. (ed.), *El nuevo Código Penal: presupuestos y fundamentos, libro homenaje al Profesor Doctor Don Ángel Torío López,* Comares, Granada, 1999, pp. 793 y ss.; VIVES ANTÓN / GONZÁLEZ CUSSAC, *Los delitos...,* cit., p. 27; BAJO FERNÁNDEZ, M. / BACIGALUPO SAGGESE, S., *Derecho penal económico,* cit., p. 379; GONZÁLEZ RUS, J. J.: «Delitos contra el patrimonio y contra el orden socioeconómico (VII). Las insolvencias punibles. Alteración de precios en concursos públicos y subastas. Daños. Disposiciones Comunes», *Sistema de Derecho Penal Español. Parte Especial,* en MORILLAS CUEVA, L. (coord.), Madrid, 2011, p. 532. En la jurisprudencia vid. STS 15 de junio de 2005, STS de 30 de junio de 2005, STS de 28 de febrero de 2006, SAP Castellón de 23 de mayo de 2006, STS de 27 de diciembre de 2007, SAP Alicante de 13 de octubre de 2008, STS de 14 de junio de 2017, STS de 12 de diciembre de 2018.

19.   STS de 8 de mayo de 1990.

20.   STS de 25 de octubre de 1990. En términos semejantes STS de 17 de diciembre de 1991.

21.   SSTS de 22 de marzo de 2013, 23 de febrero de 2018, 20 de marzo de 2018, 10 de diciembre de 2019, 7 de junio de 2019, 17 de marzo de 2001, 27 de noviembre de 2001, 19 de septiembre de 2003, 17 de marzo de 2011, 3 de mayo de 2012, 28 de noviembre de 2013, 23 de febrero de 2018, 17 de diciembre de 2018.

22.   QUERALT JIMÉNEZ, J. J., *Derecho Penal Español. Parte especial,* Tirant lo Blanch, Valencia, 2015, p. 791.

los que presentan un «referente individual intermedio o mediatizado», al orientarse a evitar la lesión de un bien de naturaleza patrimonial y circunscribirse la operatividad de la vertiente socioeconómica al momento de la determinación de la pena en abstracto[23]. Esta interpretación permitiría adscribirlos al grupo de los delitos socioeconómicos en sentido amplio, esto es, aquellos en los que por causa del carácter difuso del bien jurídico el peligro se halla muy alejado de la conducta incriminada.

Aquí se comparte este último planteamiento. La severidad de la pena prevista para el art. 257 (superior a la de otros delitos patrimoniales) obliga, efectivamente, a aceptar el carácter en cierto modo instrumental del bien jurídico. Dicho ello, parece claro que en su configuración típica no se ha considerado preferente esa virtualidad para afectar también la funcionalidad del sistema crediticio, sino sólo su incidencia en el interés individual del acreedor a la satisfacción de sus créditos[24]. Por otra parte, esa dimensión social y supraindividual que algunos autores ponen de relieve se conjuga mal con el criterio de la jurisprudencia de admitir el delito también en supuestos de insolvencias con poca entidad o con pocos acreedores[25]. Naturalmente, cosa distinta es que en la definición de los intereses privados que subyacen a estas conductas deba darse entrada a parámetros que exceden de lo meramente económico-contable y tenerse en cuenta que con ellas se impide, como explica GARCÍA SÁNCHEZ[26], la participación efectiva de otros sujetos en las relaciones económico-sociales que puedan mantener con el autor, incidiendo así de forma grave en el libre desarrollo de sus derechos patrimoniales.

---

23. MARTÍNEZ-BUJÁN PÉREZ, *Derecho penal económico y de la empresa...*, cit., pp. 60 y 61; SOUTO GARCÍA, *Los delitos...*, cit. pp. 117 y ss.; misma autora, «La tutela...», cit., p. 147 y nota 5. El planteamiento de GARCÍA RIVAS es muy parecido: vid. «Insolvencias...», cit., p. 353. En la jurisprudencia puede verse la SAP Murcia de 13 de junio de 2011.
24. GALLEGO SOLER, «Capítulo VII. Frustración...», cit., p. 901.
25. GALLEGO SOLER, «Capítulo VII. Frustración...», cit., p. 901.
26. GARCÍA SÁNCHEZ, A., *La función social de la propiedad en el delito de alzamiento de bienes*, Comares, Granada, 2003, p.143.

FRUSTRACIÓN DE LA EJECUCIÓN

I. ALZAMIENTO DE BIENES GENÉRICO (ART. 257.1.1.° CP)

El art. 257.1.1.° CP contiene el tipo básico del delito de alzamiento, centrado en la conducta de quien «se alce con sus bienes en perjuicio de sus acreedores». La doctrina y la jurisprudencia le atribuyen un cierto carácter «residual» con respecto a los tipos referidos a alzamientos específicos, que resultarán de aplicación preferente cuando concurran los requisitos especiales exigidos en ellos. A ese respecto debe concederse que ni el tipo del art. 257.1.2.° («Quien con el mismo fin realice cualquier acto de disposición patrimonial o generador de obligaciones que dilate, dificulte o impida la eficacia de un embargo o de un procedimiento ejecutivo o de apremio, judicial, extrajudicial o administrativo, iniciado o de previsible iniciación»), ni el del 257.2 («Con la misma pena será castigado quien realizare actos de disposición, contrajere obligaciones que disminuyan su patrimonio u oculte por cualquier medio elementos de su patrimonio sobre los que la ejecución podría hacerse efectiva, con la finalidad de eludir el pago de responsabilidades civiles derivadas de un delito que hubiere cometido o del que debiera responder») presuponen la realización de conductas delictivas distintas de la contemplada en el tipo básico del art. 257.1.1.°[1]. En ellos sigue aludiéndose a una ocultación de bienes dirigida a hacer imposible o a dificultar la satisfacción de un crédito contraído.

El bien jurídico es el derecho de crédito, privado (bien jurídico individual) o público (bien jurídico supraindividual). La entrada en liza de este último es consecuencia obligada de la inclusión en el presupuesto del delito de las obligaciones de Derecho público. Las sentencias del Tribunal Supremo que sustentan esta interpretación netamente patrimonialista del alzamiento pueden reconducirse a dos grupos. Algunas se refieren al derecho de crédito en un sentido muy estricto, haciéndolo equivalente a una auténtica garantía real fundamentada en lo dispuesto en el art. 1911 CC[2]. Otras incluyen alguna referencia al entorpecimiento de las acciones procesales que pudiera emprender el acreedor —a pesar de que el tipo no autoriza a exigir dicho ejercicio como requisito esencial del delito—. En esos mismos términos se pronuncia, por ejemplo, la STS de 31 de mayo de 1991, que sostiene que el alzamiento se consuma «no con la frustración definitiva del crédito del acreedor, sino con la frustración de la ejecución del mismo, mediante una clara forma de fraude a la ley..., que consiste en valerse de formas jurídicas legales para lograr una finalidad antijurídica... pues el autor, al excluir sin causa lícita del patrimonio los bienes que garantizaban el crédito, ha frustrado, de todos modos, la ejecución normal del crédito, remitiendo al acreedor a un procedimiento, en principio, de resultados inciertos»[3].

---

1.   Vid. FARALDO CABANA, P., «Los delitos de alzamiento de bienes en el proyecto de reforma del código penal de 2013», *Revista Aranzadi Doctrinal*, n.° 6 (2014), pp. 65 y ss.; CASTELLÓ NICÁS, N., «El delito de alzamiento de bienes del artículo 257.2 del Código penal (Ley Orgánica 1/2015, de 30 de marzo): naturaleza jurídica y exigencia de declaración de responsabilidad civil en sentencia condenatoria previa», *Cuadernos de Política Criminal*, n.° 115 (2015), pp. 7 y 8; BENÍTEZ ORTÚZAR, I. F., «Frustración en la ejecución e insolvencias punibles», en MORILLAS CUEVA, L. (dir.), *Estudios sobre el Código Penal reformado. Leyes Orgánicas 1/2015 y 2/2015*, Dykinson, Madrid, 2015, pp. 575 y 577; ALASTUEY DOBÓN, C., «Frustración de la ejecución e insolvencias punibles», en ROMEO CASABONA, C. M. / SOLA RECHE, E. / BOLDOVA PASAMAR, M. A. (coord.), *Derecho penal. Parte Especial*, Comares, Granada, 2016, p. 383; GÓMEZ LANZ, F. J., «El nuevo régimen de la frustración de la ejecución y las insolvencias punibles», en BUSTOS RUBIO, M. / ABADÍAS SELMA, A. (dir.), *Una década de reformas penales. Análisis de diez años de cambios en el Código Penal (2010-2020)*, J. M. Bosch, Barcelona, 2020, pp. 479 y 480.
2.   Vid. SSTS de 19 de junio de 1989, 14 de mayo de 1991, 9 de marzo de 1992, 16 de marzo de 1993 y 8 de noviembre de 1989, señalando que el elemento objetivo o acción del alzamiento de bienes «ya no se identifica con su más grave manifestación histórica del deudor fugitivo, sino con cualquier otra actividad que tienda a menoscabar fraudulentamente su patrimonio... de acuerdo con la traslación operada por el moderno derecho liberal y progresista, eximiendo de la acción del acreedor a la persona del deudor (de ahí también la abolición de la prisión por deudas) y centrándola con exclusividad en el patrimonio, como garantía real y universal de las obligaciones, así proclamadas en el artículo 1911 del Código Civil».
3.   Véanse, además, SSTS de 27 de febrero de 1990, 21 de enero de 1992, 17 de septiembre de 1992, 12 de febrero de 1992, 20 de abril de 1994, 24 de enero de 1998 y, ya con anterioridad, 8 de noviembre de 1975, que indica que con este delito el deudor hace «ineficaces las acciones que contra él pudieran ejercitarse para el cobro de lo adeudado, ... bastando la situación de riesgo y peligro dolosamente creada que dificulte o enerve la validez y poder normal de las acciones reconocidas por el ordenamiento jurídico para su ejercicio y efectividad en el ámbito jurisdiccional establecido».

1. TIPO OBJETIVO

Aunque sujeto activo es quien se alza «en perjuicio de sus acreedores», es decir, quien posee la condición jurídica de deudor[4], no se requiere una declaración judicial expresa de dicha situación (las dudas sobre la existencia de la deuda constituyen cuestión prejudicial de carácter devolutivo de acuerdo con el art. 4 LECrim). Al no preverse una estructura típica paralela para los particulares, nos hallamos ante un delito especial propio, rasgo que condicionará el tratamiento de la autoría y la participación.

En coherencia con las posiciones mantenidas con relación al bien jurídico, la doctrina considera que a quien le corresponde la condición de sujeto pasivo es al titular del derecho de crédito, esto es, el acreedor o el ente público correspondiente.

Todos los bienes que pertenecen al patrimonio del deudor y que posean la condición de embargables (muebles, inmuebles y derechos sujetos al cumplimiento de las obligaciones, a tenor de lo dispuesto en el art. 1911 del Código civil) son susceptibles de convertirse en objeto material del delito[5]. Quedan excluidas, por consiguiente, las meras expectativas (no las contraprestaciones obtenidas con su transferencia a título oneroso)[6]. Debe recordarse asimismo que los herederos responden ilimitadamente por las deudas del causante-deudor, salvo que invoquen el beneficio de inventario al aceptar la herencia, en cuyo caso la responsabilidad patrimonial se circunscribirá a determinados bienes de su patrimonio[7].

Presupuesto del delito es la existencia de una previa relación jurídica obligacional[8], si bien se discute si es preciso que la conducta típica se desarrolle con posterioridad a su vencimiento. La doctrina y la jurisprudencia mayoritarias defienden que la ocultación puede también producirse cuando los créditos todavía no fueran vencidos o líquidos y, por consiguiente, no exigibles[9]. En esa misma línea, el ATS de 11 de noviembre de 2004 inadmite un recurso de casación que había planteado como cuestión jurídica la necesidad de vencimiento de la obligación en tanto requisito del tipo y la STS de 25 de noviembre de 1992 caracteriza el supuesto típico del delito como sigue: «es muy frecuente que los defraudadores, ante la inminencia o proximidad del adve-

---

4.   STS de 22 de abril de 2019.
5.   RUIZ MARCO, F., *La tutela penal del derecho de crédito*, Dilex, Madrid, 1995, pp. 352 y ss.; MARTÍNEZ-BUJÁN PÉREZ, C., *Derecho penal económico y de la empresa. Parte Especial*, 7.ª ed., Tirant lo Blanch, Valencia, p. 75.
6.   VIVES ANTÓN, T. S. / GONZÁLEZ CUSSAC, J. L., *Los delitos de alzamiento de bienes*, Tirant lo Blanch, Valencia, 1998, p. 51.
7.   MUÑOZ CONDE, F., *El delito de alzamiento de bienes*, 2.ª ed., Bosch, Barcelona, 1999, p. 133.
8.   SAP Castellón de 23 de mayo de 2006 y SAP Madrid de 20 de noviembre de 2007, ambas relativas al otorgamiento de capitulaciones previas al nacimiento de la deuda.
9.   DEL ROSAL BLASCO, B., «Las insolvencias punibles a través del análisis del delito de alzamiento de bienes», *Anuario de Derecho penal y ciencias penales,* tomo 47 (1994), p.21; JORGE BARREIRO, A., «El delito de alzamiento de bienes. Problemas prácticos», *Cuadernos de derecho judicial, ejemplar dedicado al Derecho Penal Económico*, 2003, p. 202; OCAÑA RODRÍGUEZ, A., *El delito de insolvencia punible del art. 260 del CP a la luz del nuevo Derecho concursal: aspectos penales y civiles*, Tirant lo Blanch, Valencia, 2005, p. 155; VIVES ANTÓN / GONZÁLEZ

nimiento de un crédito futuro, de su liquidez o de su irremisible vencimiento, augurando un evidente perjuicio para sus intereses patrimoniales que no desean erosionarse, se adelanten o se anticipen a la materialización del crédito o créditos, a su vencimiento, liquidez o exigibilidad, frustrando y abortando las legítimas expectativas de sus acreedores, mediante la adopción de medidas de desposesión de sus bienes, tendentes a burlar los derechos de aquellos y a eludir su responsabilidad patrimonial, la que, como ya se ha dicho, no por tener que concretarse en el futuro, dejará normalmente de llegar a constituir amenaza potencial para el deudor remiso en el cumplimiento de sus obligaciones». En cambio, requieren que el crédito se halle ya vencido y sea líquido y exigible las sentencias del Tribunal Supremo de 17 de mayo de 2017 y de 18 de mayo de 2019. Se volverá sobre esta cuestión en un momento posterior de este mismo epígrafe.

De contraerse la obligación una vez ejecutada ya la maniobra de ocultación será el patrimonio del deudor en el momento de la acción el que *responda*. Naturalmente, si el sujeto se alzase con sus bienes, simulando una solvencia inexistente para asumir una deuda, lo procedente sería calificar el hecho como estafa[10].

En ese presupuesto se incluyen tanto las obligaciones jurídico-privadas (también las relacionadas con el derecho de alimentos del *nasciturus*, existente desde el mismo momento en que se puede hablar de vida humana dependiente), como las públicas. El CP de 1995 resolvió definitivamente la controversia existente sobre estas últimas, al introducir el apartado 2.º del art. 257 CP, cuyo contenido fue trasladado al apartado 3 inciso 1.º tras la entrada en vigor de la LO 1/2015 («Lo dispuesto en el presente artículo será de aplicación cualquiera que sea la naturaleza u origen de la obligación o deuda cuya satisfacción o pago se intente eludir, incluidos los derechos económicos de los trabajadores, y con independencia de que el acreedor sea un particular o cualquier persona jurídica, pública o privada»). Con posterioridad, la LO 5/2010 reforzaría este entendimiento amplio de la naturaleza de las obligaciones que están en la base del alzamiento, optando por agravar la pena justamente cuando «la deuda u obligación que se trate de eludir sea de Derecho público y la acreedora sea una persona jurídico-pública, o se trate de obligaciones pecuniarias derivadas de la comisión de un delito contra la

---

CUSSAC J. L., *Los delitos...*, cit., p. 47; PEREZ MARTINEZ, A. B., *La frustración del derecho de crédito: el delito de alzamiento de bienes y sus tipos específicos (art. 257 CP)*, Universidad de Murcia, Murcia, 2004, p. 130; BENÍTEZ ORTÚZAR, «Frustración...», cit., p.574. En la jurisprudencia pueden verse, por ejemplo, STS de 26 de febrero de 1990, STS de 27 de septiembre de 1990, STS de 22 de noviembre de 1990, STS de 4 de julio de 1991, STS de 11 de septiembre de 1992, STS de 7 de marzo de 1996, SAP Barcelona de 22 de noviembre de 2002 —recogiendo lo declarado por la STS de 20 de abril de 1991 en el sentido de que el delito «se puede cometer ante el simple temor de que una deuda existente, aunque todavía no haya vencido, puede ser objeto de reclamación, y también puede cometerse aunque la deuda no haya emergido aún al campo del derecho obligacional, bastando por tanto con que exista la expectativa fundada de que la reclamación crediticia pueda ser emprendida en cualquier momento y subsiguientemente acordada por resolución judicial»—, SAP Madrid de 23 de marzo de 2009, SAP Sevilla de 18 de junio de 2009 y STS de 21 de enero de 2019.

10.   MARCOS CARDONA, M., «El delito de alzamiento de bienes y su compatibilidad con la autotutela ejecutiva. Concurrencia de procedimientos administrativo y penal», *Crónica Tributaria*, n.º 188 (2023), p. 110.

Hacienda Pública o la Seguridad Social» (actual art. 257. 3.° inciso 2.°). A propósito de las públicas, el hecho de que, a diferencia de lo que sucede en el ámbito de los delitos de defraudación tributaria y a la seguridad social, en el alzamiento no se exija ningún límite cuantitativo ni se prevea una causa personal de anulación de la pena semejante a la regularización fiscal pone de manifestó una cierta descoordinación técnica que puede generar problemas interpretativos[11]. De entre ellas, al margen de las deudas tributarias y las cuotas de la Seguridad Social, deben resaltarse las siguientes: las costas judiciales, las obligaciones *ex lege* y *ex delicto*, las surgidas por causa de subvenciones, becas u obligaciones derivadas de expropiación forzosa y, por último, los derechos económicos de los trabajadores (en el bien entendido de que debe tratarse de derechos de naturaleza patrimonial, como la masa salarial, las cotizaciones a la Seguridad Social o las indemnizaciones por jubilación, cierre empresarial o despido)[12]. Fuera del ámbito del art. 257.1.1.° quedará la ocultación de bienes para no pagar una multa impuesta como pena, en cuyo caso no existiría relación obligacional y la sanción penal sería absolutamente desproporcionada, al preverse ya la responsabilidad subsidiaria en caso de impago[13].

Aunque desapareció del texto en las primeras fases de tramitación parlamentaria, la tipificación expresa de la ocultación de los bienes en perjuicio de los acreedores, que se incluía en el texto del proyecto de ley que derivaría en la LO 1/2015, dio lugar a una interesante polémica. Tanto para el Consejo General del Poder Judicial, como para el Consejo Fiscal (en su informe al Anteproyecto de Ley Orgánica por la que se modifica la LO 10/1995, de 24 de noviembre, del Código penal, de 8 de enero de 2013) se trataba de una forma de alzamiento incluida en el art. 257.1.1.°, tal y como venía reconociendo pacíficamente la jurisprudencia, por lo que debía valorarse como innecesaria.

Por «alzarse con los bienes» hay que entender «defraudar a un acreedor, especialmente ocultando fondos o ausentándose con ellos» (acepción 19.ª del Diccionario de la RAE), lo que aplicado al tipo implica que lo determinante será —también a la hora de diferenciarlo de los simples incumplimientos contractuales— que exista un fraude o engaño y una apariencia de insolvencia, y no un estado real de insolvencia[14]. El delito se abre, pues, a cualesquiera actuaciones fraudulentas realizadas sobre bienes o dere-

---

11.   FEIJOO SÁNCHEZ, B. J., «La reforma de las insolvencias punibles», en DÍAZ-MAROTO Y VILLAREJO, J., *Estudios sobre las reformas del Código penal (operadas por las LO 5/2010, de 22 de junio, y 3/2011, de 28 de enero*, Civitas, Madrid, 2011, p. 403; SOUTO GARCÍA, E., «La tutela penal del derecho de crédito tras la reforma operada por la Ley Orgánica 1/2015, de 30 de marzo: los "nuevos" delitos de frustración de la ejecución y de insolvencia punible», *Revista de derecho y proceso penal*, n.° 38 (2015), p. 150.

12.   MARTÍNEZ-BUJÁN PÉREZ, *Derecho penal económico y de la empresa...*, cit., pp. 69 y 70.

13.   GALLEGO SOLER, J. I., «Capítulo VII. Frustración de la ejecución», en CORCOY BIDASOLO, M. / MIR PUIG, S. (dir.), *Comentarios al Código penal. Reforma LO 1/2015 y LO 2/2015*, Tirant lo Blanch, Valencia, 2015, p. 903; SAP Granada de 26 de marzo de 1996, SAP Madrid de 31 de enero de 2000, SAP Barcelona de 29 de octubre de 2001.

14.   MARTÍNEZ-BUJÁN PÉREZ, *Derecho penal económico y de la empresa...*, cit., p. 76; GARCÍA RIVAS, N., «Insolvencias punibles», en ÁLVAREZ GARCÍA, F. J. (dir.), *Derecho Penal Español, Parte Especial (II)*, Tirant lo Blanch, Valencia, 2011, pp. 357 y 360; GALLEGO SOLER, «Capítulo VII. Frustración...», cit., pp. 902 y 904.

chos de los que el sujeto activo es titular y dirigidas a causar o acrecentar su estado de insolvencia (un sector de la doctrina —PÉREZ FERRER[15]— ha llegado a invocar la existencia de un verdadero derecho del acreedor a que el deudor no comprometa de forma fraudulenta la satisfacción de su crédito). Entre las formas o modalidades que pueden darle vida se encuentran esconder materialmente los bienes o huir con ellos, la realización de transmisiones reales o ficticias, la creación de un crédito ficticio o real, pero preferente (injustamente) al de los demás acreedores e, incluso, su destrucción[16].

Uno de los rasgos definitorios del tipo es su estructura «abierta»[17], capaz de dar cabida a cualquier comportamiento dirigido a situar los bienes fuera del del alcance de sus acreedores. La doctrina ha tratado de sistematizar las principales formas de «alzarse» recogidas en los repertorios jurisprudenciales sobre la base de lo indicado en la legislación concursal. Los principales supuestos que suelen traerse a colación son[18]: 1) donaciones onerosas o gratuitas, reales o ficticias, de bienes a familiares o terceros; 2) compraventa de inmuebles entre familiares en condiciones distintas a las del mercado[19]; 3) desaparición física de bienes embargados por parte del depositario de los mismos[20]; 4) creación de sociedades instrumentales para ocultar un bien o no pagar obligaciones familiares[21]; 5) descapitalización de la sociedad o empresa, para evitar el pago de los débitos existentes con los acreedores[22]; 6) descapitalización y posterior adquisición de las participaciones de la sociedad beneficiaria[23]; 7) compra ficticia de bienes[24]; 8) constitución de una hipoteca sobre vivienda de su propiedad tras ser requerido para pagar una indemnización[25]; 9) ocultación de elementos del activo[26]; 10) venta ficticia de las participaciones de una sociedad cuando empiezan a

---

15.   PÉREZ FERRER, F., «Sobre el delito de alzamiento de bienes en los casos de crisis matrimoniales y parejas de hecho», *Revista Internacional de Doctrina y Jurisprudencia*, vol. 30 (2023), p. 7.

16.   QUINTERO OLIVARES, GARCÍA RIVAS, «Insolvencias...», cit., pp. 357 y 358; SOUTO GARCÍA, E., «Frustración de la ejecución e insolvencias punibles», en GONZÁLEZ CUSSAC, J. L. (dir.), *Comentarios a la reforma del Código Penal de 2015*, 2.ª ed., Tirant lo Blanch, Valencia, 2015, p. 795.

17.   MARTÍNEZ-BUJÁN PÉREZ, *Derecho penal económico y de la empresa...*, cit., p. 76.

18.   GALLEGO SOLER, «Capítulo VII. Frustración...», cit., pp. 905 y 906; SOUTO GARCÍA, E., *Los delitos de alzamiento de bienes*, Tirant lo Blanch, Valencia, 2009, pp. 270 y ss.; BAJO FERNÁNDEZ, M. / BACIGALUPO SAGGESE, S., *Derecho penal económico*, Ed. Centro de Estudios Ramón Areces, Madrid, 2001, p. 384; PAREDES CASTAÑÓN, J. M., «Lo subjetivo y lo objetivo en el tipo de alzamiento de bienes» en QUINTERO OLIVARES, G. / MORALES PRATS, F. (coord.), *El nuevo derecho penal español. Estudios penales en memoria del profesor Valle Muñiz*, Aranzadi, Navarra, 2001, pp. 1629 y ss.

19.   SAP Badajoz de 21 de noviembre de 2007, SAP León de 4 de diciembre de 2007, SAP Madrid de 24 de noviembre de 2008.

20.   SAP Cuenca de 7 de diciembre de 2007.

21.   SAP Valencia de 28 de enero de 1998, SAP Valencia de 13 de mayo de 1998, SAP Zaragoza de 27 de noviembre de 2006, STS de 4 de mayo de 2007.

22.   SAP Alicante de 7 de marzo de 2008, STS de 11 de abril de 2008.

23.   STS de 1 de septiembre de 2008.

24.   SAP Alicante de 30 de septiembre de 1998.

25.   SAP Alicante de 13 de octubre de 2008.

26.   SAP Madrid de 6 de mayo de 2008.

tenerse problemas de solvencia empresarial[27]; 11) modificación del régimen económico matrimonial y otorgamiento de capitulaciones matrimoniales sin justificación[28].

Esta última es la modalidad recogida en la STS de 7 de octubre de 2021, que resolvió un recurso en el que se denunció que la sentencia de instancia se había basado «en un informe tendencioso y lleno de errores», al no poder afirmarse ni que las capitulaciones se hicieran para eludir las obligaciones fiscales del recurrente, ni que se hubiera producido una insolvencia o disminución del patrimonio «que imposibilitara o dificultara hacer frente a las deudas», ni, finalmente, que concurriese el imprescindible elemento tendencial o ánimo de defraudar. El TS desestimó el recurso por entender que «la Audiencia ha descrito en el apartado de hechos probados de la sentencia que el acusado, con el fin de eludir sus obligaciones fiscales con la Hacienda Pública correspondientes a las liquidaciones realizadas de la sociedad SGGP, de la que era administrador solidario junto al querellante, relativas a los ejercicios 2003 a 2008, el 27 de noviembre de 2009 otorgó con su esposa escritura de modificación del régimen económico matrimonial pactando sustituir el régimen de sociedad de ganaciales por el de separación de bienes, adjudicándose a la esposa la totalidad de los bienes inmuebles que hasta entonces habían sido comunes por valor muy superior a los bienes adjudicados al acusado consistentes en participaciones sociales de SGGP y Sociedad General Construcción Alfaro y Ramos SL. De esta forma obstaculizó la completa ejecución de las deudas con la Agencia Tributaria. Igualmente, la fundamentación jurídica explica el ánimo que guiaba al acusado con la realización de tales actos y la evidencia del perjuicio que ello supuso para la AEAT, obstaculizando con su acción las posibilidades de resarcimiento de ésta». Frente a la indicación del recurrente de que podría ser titular de otros bienes o activos sobre los que trabar embargo, el Tribunal contesta que «ello no convierte en atípica su conducta», que «al día de la fecha, o al menos el día de la celebración del juicio la deuda aun persistía» y que «la adjudicación de bienes a la esposa sí supuso la imposibilidad de ejecutar los bienes que a ella fueron adjudicados».

Los supuestos derivados de obligaciones civiles o contratos mercantiles serán atípicos siempre que no se supere el ámbito del riesgo permitido, que estará determinado por la posición concreta que ocupa el deudor en el tráfico jurídico[29]. Esta (la de la atipicidad) es, también, la solución que se impone para los casos de no reclamación por el deudor de sus propios créditos en perjuicio de sus acreedores (cuya inclusión en el tipo daría al traste con la vocación de *ultima ratio* del Derecho penal, al existir acciones civiles, como la acción directa, que le permiten al acreedor reclamar el crédito al deudor dc su deudor) y de favorecimiento de acreedores, en que el deudor, tras una insolvencia fortuita, entrega sus bienes a alguno de sus acreedores, burlando la preferencia de los créditos mismos. Así lo ha entendido la STS de 26 de marzo de 2001, que concluye que «la conducta de selección prioritaria de deudas contraídas que hace que unos acreedores

---

27.   STS de 27 de diciembre de 2007.
28.   SAP A Coruña de 6 de julio de 2000, SAP Toledo de 23 de octubre de 2000, SAP Girona de 30 de octubre de 2000, SAP Cantabria de 14 de marzo de 2001, SAP Burgos de 6 de junio de 2002.
29.   PAREDES CASTAÑÓN, «Lo objetivo...», cit., pp. 1629 y ss.; MARTÍNEZ-BUJÁN PÉREZ, *Derecho penal económico y de la empresa...*, cit., pp. 77 y 78.

cobren con preferencia a otros es un supuesto atípico y que pagar parte de las deudas, otorgando preferencia a unos sobre otros, impide apreciar el ánimo defraudatorio general, que es lo que da vida al tipo penal de alzamiento». Idéntica interpretación sostiene la STS de 10 de diciembre de 2019, que afirma rotundamente que «si era realmente existente la deuda que se satisfizo con la enajenación de los bienes del deudor, si el crédito no fue fraudulentamente incrementado, y si la salida de los activos no se realizó a un precio simulado que oculte la distracción parcial de su patrimonio, debe concluirse que el patrimonio del deudor estuvo afecto al pago de sus débitos y que la acción su pudo responder al ánimo defraudatorio general que contempla el artículo 257.1.1.º del Código Penal». Esa no ha sido, sin embargo, la tesis mantenida por otras resoluciones, que han considerado necesario acudir a la inexistencia de la conducta típica o de la causación o aumento de la insolvencia para fundamentar a la atipicidad[30]. Conviene aclarar que esa clase de comportamientos sí podrán dar lugar a los delitos de los arts. 260.1 ó 260. 2, que se analizarán posteriormente.

Aunque en línea de principio la redacción legal obliga a considerar típicos solo los comportamientos activos (y, en consecuencia, impunes las omisiones), no debe olvidarse que en muchas ocasiones no podrá definirse la conducta realizada de forma indubitada como sólo activa o sólo omisiva, siendo un escenario perfectamente representable el de la existencia de una combinación de actuaciones activas y pasivas. A partir de esas premisas para la jurisprudencia nada impide la consideración de las bajas voluntarias en el trabajo o de las solicitudes de excedencia como modalidades de realización del alzamiento.

Así, la SAP Córdoba de 29 de noviembre de 2022 aprecia delito del art. 257.1.2.º en un caso en que el acusado, obligado a satisfacer en concepto de pensión de alimentos para su hija menor de edad la cantidad de 350 € mensuales revisables anualmente conforme a las variaciones del IPC y el 50% de los gastos extraordinarios, «haciendo caso omiso a la obligación impuesta y a pesar de tener capacidad económica, al menos parcial, dejó de abonar la pensión», hasta que, «de forma por completo voluntaria, abandonó un puesto de trabajo fijo que le permitía atender a sus obligaciones, al mismo tiempo que a su sustento». Contestando el — «débil» — argumento incluido en el recurso de apelación, relativo a que si solicitó la excedencia en el puesto de trabajo fijo «fue porque su empresa (Securitas Direct) no quería en la plantilla a personas que pudieran estar condenadas por la comisión de delitos, algo que se deduciría de la llegada a su conocimiento de diversos embargos judiciales provenientes del juzgado de violencia de género, y, en dicho estado de cosas, ya no le permitió reincorporarse antes de la finalización del período anual de excedencia que había interesado», la Audiencia explica que «aunque ello hubiera sido cierto, que no está acreditado, pues no obra en las actuaciones documento alguno de Direct Seguros que lo sostenga», lo que, desde luego, no causaría perjuicio alguno a su hija «hubiera sido aguardar a que la entidad tomara la decisión que creyere oportuna y, si esta era la de despedirlo, mientras se debatía en los tribunales la pertinencia o no del despido, no renunciar de antemano a

---

30.   Vid. STS de 23 de febrero de 2001, SAP Madrid de 20 de noviembre de 2007.

un eventual derecho a la posible indemnización que pudiera corresponderle, y, entretanto, contar con el abono del subsidio de desempleo, que hubiera permitido hacer frente a los pagos tanto de la pensión como de las necesidades ordinarias». Concluyendo, la sentencia afirma que la decisión de pedir la excedencia en su trabajo, y otras actuaciones posteriores, dificultaron gravemente la satisfacción de los derechos «que podrían ser exigidos en un procedimiento de más que previsible iniciación, como indica el precepto aplicable, el de ejecución forzosa del título en el que se establecía la pensión de alimentos», al traducirse en una «evaporación» de los recursos sobre los que hubiera podido trabarse embargo en el proceso de ejecución, «al menos durante el tiempo que duró la situación de excedencia voluntaria, un año».

Por su parte, la STS de 8 de julio de 2002 subsumió en ese mismo precepto la conducta realizada por el acusado «a partir del momento en que comunicó a la empresa en que trabajaba —de la que su hermano era teóricamente administrador— su deseo de causar baja voluntaria en la misma» y que suponía «la imposibilidad de que en el procedimiento judicial de ejecución de la sentencia de divorcio se le embargasen tanto la parte del sueldo que hubiere de ser destinada al pago de las pensiones, puesto que dejó de percibir el sueldo, como la parte del subsidio de desempleo con que tenía que responder de las mismas obligaciones». «El elemento tendencial o subjetivo del delito de alzamiento de bienes, que consiste en la intención de defraudar a los acreedores haciendo desaparecer el activo con que podrían satisfacer sus créditos, se infiere fácilmente —prosigue la sentencia—..., no sólo de la propia dinámica comisiva sino, muy especialmente, del comportamiento anterior del acusado, que venía demostrando desde años atrás su decidido propósito de no cumplir las obligaciones asistenciales que había contraído con su ex-esposa y con sus hijos, por lo que su renuncia voluntaria al puesto de trabajo no podía ser sino un último ardid para evitar que las retenciones reiteradamente ordenadas se llevasen a efecto». En definitiva, «la actuación del acusado reprodujo todos y cada uno de los elementos que integran el delito básico de alzamiento de bienes y la modalidad específica del mismo que le ha sido aplicada en la sentencia recurrida: sobre el presupuesto de unos créditos preexistentes, vencidos, líquidos y exigibles, se desarrollaron unos actos encaminados a neutralizar la eventual iniciativa de los acreedores para asegurar, mediante un embargo, el cobro de sus créditos y se logró así una situación de insolvencia en que efectivamente hubiese sido ilusorio todo esfuerzo por conseguir tan legítima finalidad».

Se ha discutido si tiene cabida la comisión por omisión en este delito, debiendo optarse —cuando menos con relación a los supuestos habitualmente aludidos por la doctrina— por la negativa, en la medida en que el Ordenamiento Jurídico no establece ningún deber de cooperar y, por tanto, de actuar[31]. En el caso concreto de la repudiación de una herencia en perjuicio de los acreedores, en puridad, ni siquiera cabría hablar de una ocultación de bienes pertenecientes al patrimonio del deudor[32], que nunca llegó a

---

31.   SOUTO GARCÍA, *Los delitos...*, cit., pp. 276 y ss.; MARTÍNEZ-BUJÁN PÉREZ, *Derecho penal económico y de la empresa...*, cit., p. 78; MUÑOZ CONDE, *El delito...*, cit., pp. 117 y ss.; GALLEGO SOLER, «Capítulo VII. Frustración...», cit., p. 905.

32.   SAP Pontevedra de 7 de junio de 2022.

adquirir nada (el ingreso de los bienes hereditarios en su patrimonio requiere la aceptación de la herencia). La incriminación de esos hechos resultaría, además, criticable por la lejanía del peligro para el bien jurídico protegido y la consiguiente quiebra del principio de ultima *ratio*, ante la existencia de mecanismos civiles para la resolución de los problemas derivados de la no aceptación de negocios jurídicos (donaciones, herencias) en fraude de acreedores[33]. Sin ir más lejos, el art. 1001 CC les brinda protección atribuyéndoles una acción específica para que puedan intervenir en defensa de sus créditos, permitiéndoles solicitarle al juez la autorización que les permita aceptar la herencia en nombre del deudor (a pesar de que el fundamento y naturaleza de dicha acción distan de ser pacíficos, la opinión dominante en la doctrina y en la jurisprudencia destaca que representa un medio de reacción frente a los perjuicios que sufren los acreedores, en la línea de la acción pauliana).

La respuesta debe ser igualmente negativa en los casos de ocultación de dinero, créditos o derechos en el balance y que, en realidad, aluden a comportamientos activos y no implican, en absoluto, la sustracción de los bienes a la acción de los acreedores[34]. La SAP Granada de 20 de julio de 2020 discute la posible condena como autor o, en su caso, inductor de un marido que animó a su esposa a vender bienes de su propiedad (participaciones indivisas en bienes comunes hereditarios) con la finalidad de frustrar la satisfacción de créditos cuya existencia ella misma desconocía. El marido resultó absuelto, entre otras razones, al considerar la sala que «no existe ningún deber jurídico ex art. 11 del CP, en tanto que codeudor, de advertir a otro deudor (supuestamente ignorante de la existencia de la deuda) que no podrá disponer de su patrimonio por estar afecto a la responsabilidad patrimonial universal de todo deudor respecto a los acreedores».

Probablemente, el elemento típico que suscita mayor controversia es la expresión «en perjuicio», utilizada ya por el art. 519 del Código Penal de 1973. El sector doctrinal y jurisprudencial mayoritarios apoya la tesis del elemento subjetivo del tipo distinto del dolo[35], consistente en la «intención del deudor que pretende salvar algún bien o todo su patrimonio en su propio beneficio o en el de alguna otra persona, obstaculizando así

---

33.   GALLEGO SOLER, «Capítulo VII. Frustración...», cit., p. 905.
34.   A favor de aceptar el alzamiento (en comisión por omisión) en esos casos BAJO FERNÁNDEZ / BACIGALUPO SAGGESE, *Derecho penal económico*, cit., p. 385; en contra VIVES ANTÓN / GONZÁLEZ CUSSAC, Los delitos..., cit., p. 58; GONZÁLEZ CUSSAC, J. L., «Delitos contra el patrimonio y el orden socioeconómico (VIII): frustración de la ejecución e insolvencias punibles», en GONZÁLEZ CUSSAC, J. L. (coord.), *Derecho penal. Parte Especial*, 8.ª ed., Tirant lo Blanch, Valencia, 2023, p. 454.
35.   Vid. QUINTERO OLIVARES, G., *El alzamiento de bienes*, Praxis, Barcelona, 1973, p.111; REY GONZÁLEZ, C., «El delito de alzamiento de bienes en el Código vigente y en el nuevo Código (insolvencia punible)», *Revista de Derecho Penal y Criminología*, n.º 5 (1995), p. 764; CERES MONTES, J. F., «Perspectiva jurídico-penal del Derecho concursal: la insolvencia punible», *Diario La Ley*, 1995, p. 6; FARALDO CABANA, «Delitos de frustración...», cit., p. 778; VIVES ANTÓN / GONZÁLEZ CUSSAC, Los delitos..., cit., p. 68; GARCÍA RIVAS, «Insolvencias...», cit., p. 363; MUÑOZ CONDE, *El delito...*, cit., pp. 136 y ss.; *Derecho penal. Parte Especial*, cit., p. 424; GONZÁLEZ CUSSAC, «Delitos...», cit., p. 454; BAJO FERNÁNDEZ / BACIGALUPO SAGGESE,

la vía de ejecución que podrían seguir sus acreedores»[36]. A esa conclusión podría llegarse a partir de la decisión del legislador de castigar con las penas previstas en el n.º 2 del art. 257 a quienes «con el mismo fin» (el buscado con el tipo del n.º 1) lleven a cabo las conductas de obstrucción aludidas en él. La STS de 13 de febrero de 1992 sintetiza las principales consecuencias de este planteamiento: a) la necesidad de que existan «uno o varios derechos de crédito reales y existentes»; b) la inclusión en el tipo de «un elemento subjetivo del tipo que impide la realización de este delito por imprudencia»; y c), y a resultas de los dos primeros, la consideración del alzamiento como un delito «de tendencia en el que basta la intención de perjudicar a los acreedores mediante la ocultación que obstaculiza la vía de apremio, sin que sea necesario que esta vía ejecutiva quede total y absolutamente cerrada, ya que basta con que se realice esa ocultación o sustracción de bienes que es el resultado exigido en el tipo, pues el perjuicio real pertenece, no a la fase de perfección del delito, sino a la de su agotamiento». El planteamiento al que me adscribo le otorga, en cambio, naturaleza de verdadero resultado material, de manera que el tipo se consumaría con la causación de un perjuicio económico dimanante de la frustración del derecho de crédito[37]. En su apoyo pueden traerse varios argumentos. No todas las acepciones del vocablo «fin» en el DRAE apuntan a un elemento anímico que trasciende a la acción (en su acepción primera su significado es el de «término, remate o consumación de una cosa»)[38]. Además, una intervención penal que se anticipe a la existencia de un perjuicio patrimonial efectivo redundaría en una sobreprotección del derecho de crédito con respecto a otros intereses de naturaleza patrimonial[39]. Tampoco puede dejar de señalarse la incongruencia que late detrás de la extensión de la tesis dominante (la del elemento subjetivo del injusto) al ámbito de las obligaciones tributarias, que permitiría apreciar delito consumado de alzamiento con anterioridad a la iniciación del período de declaración del tributo y, en consecuencia, de que el sujeto activo tenga la posibilidad de realizar un delito de defraudación tributaria; y ello contando, además, con que en los tributos que exigen un acto administrativo de liquidación dicha tesis abocaría a que el alzamiento se consumase en un momento en que el sujeto activo nunca podría conocer el *quantum* de la deuda,

---

Derecho penal económico, cit., p. 430; NIETO MARTÍN, A., *El delito de quiebra,* Tirant lo Blanch, Valencia, p. 70; STS de 13 de abril de 2002, STS de 14 de diciembre de 2004, STS de 16 de diciembre de 2004, SAP Toledo de 24 de marzo de 2014, en la que puede leerse que esa referencia «ha sido siempre interpretada por la doctrina de esta Sala, no como exigencia de un perjuicio real y efectivo en el titular del derecho de crédito, sino en el sentido de intención del deudor que pretende salvar algún bien o todo su patrimonio en su propio beneficio o en el de alguna otra persona allegada, obstaculizando así la vía de ejecución que podrían seguir sus acreedores».

36.   Vid. STS de 18 de febrero de 2015, STS de 20 de febrero de 2018, STS de 7 de junio de 2019.

37.   MARTÍNEZ-BUJÁN PÉREZ, *Derecho penal económico...,* cit., pp. 86 y ss.; SOUTO GARCÍA, *El delito...,* cit., pp. 200 y ss.; HUERTA TOCILDO, S., «Bien jurídico y resultado en los delitos de alzamiento de bienes», en ROMEO CASABONA, C. M. / CEREZO MIR, J. / SUÁREZ MONTES, R. F. / BERISTAIN IPIÑA, A. (ed.), *El nuevo Código Penal: presupuestos y fundamentos, libro homenaje al Profesor Doctor Don Ángel Torío López,* Comares, Granada, 1999, p. 808; RUIZ MARCO, *La tutela...,* cit., pp. 351 y 352.

38.   Vid. MARTÍNEZ-BUJÁN PÉREZ, C., «Los elementos subjetivos del tipo de acción (Un estudio a la luz de la concepción significativa de la acción)», *Teoría y Derecho: revista de pensamiento jurídico,* n.º 13 (2013), p. 259.

39.   RUIZ MARCO, *La tutela...,* cit., pp. 351 y 352.

al competerle la liquidación a la Administración tributaria[40]. A mayor abundamiento, la configuración del delito que aquí se defiende parece la única capaz de explicar la remisión del tipo cualificado del art. 257.4 al art. 250.5.º (que «el valor de la defraudación supere los 50.000 euros»)[41]. La discrepancia con la construcción del elemento subjetivo del injusto se sustenta también, en fin, en razones político-criminales: acoger la del resultado lesivo le deja margen de operatividad al delito en los casos de insolvencias inmediatamente anteriores al vencimiento de la deuda[42] y, asimismo, al desistimiento, cuando, después de alzarse y situarse en situación de insolvencia, el deudor satisface el crédito en el momento del vencimiento (o antes), evitándole el perjuicio al acreedor[43]. Son asimismo razones de esa índole las que abogan por castigar como cooperadores a quienes ayudan a mantener la ocultación de los bienes con actuaciones sucesivas realizadas antes del vencimiento de la deuda. Por lo demás, importa aclarar que tratándose de un alzamiento dirigido al impago deudas tributarias, el perjuicio vendrá referido al importe total de la deuda impagada, que incluye (en los términos indicados por el art. 58 LGT) la cuota, el interés de demora, los recargos y las sanciones[44].

Por razones de estricta legalidad, un pago de la deuda con posterioridad a la obstaculización sólo podrá tener relevancia a efectos de la apreciación de la atenuante de reparación del daño[45].

2. TIPO SUBJETIVO

El tipo exige que las conductas típicas se lleven a cabo con dolo, requiriéndose el conocimiento de todos los términos típicos, incluida la existencia de la relación crediticia y del perjuicio económico que la ocultación de bienes le ocasiona al acreedor, en términos de frustración del derecho de crédito. Su desconocimiento —por ejemplo, la creencia errónea del sujeto de que la transmisión de un bien no le colocaba en situación de insolvencia— dará lugar a un error de tipo impune[46]. Una corriente jurisprudencial insiste en que el tipo no requiere ningún dolo específico distinto del defraudatorio[47]. En consonancia con ese planteamiento, un sector doctrinal, con el que me alineo, entiende suficiente el dolo eventual[48].

---

40.   MARTÍNEZ-BUJÁN PÉREZ, *Derecho penal económico y de la empresa...*, cit., pp. 87 y 88.

41.   MARTÍNEZ-BUJÁN PÉREZ, *Derecho penal económico y de la empresa...*, cit., pp. 88 y 89.

42.   Vid. en cambio SSTS de 10 de junio de 1999 y de 8 de abril de 2009.

43.   HUERTA TOCILDO, «Bien jurídico...», cit., p. 807; MARTÍNEZ-BUJÁN PÉREZ, *Derecho penal económico y de la empresa...*, cit., pp. 86 y 87.

44.   MARTÍNEZ-BUJÁN PÉREZ, *Derecho penal económico y de la empresa...*, cit., p. 70.

45.   SAP Barcelona de 8 de enero de 2009; FARALDO CABANA, «Delitos de frustración...», cit., p. 779.

46.   STS de 28 de febrero de 2002.

47.   STS de 31 de octubre de 2006, STS de 20 de marzo de 2018.

48.   QUINTERO OLIVARES, *El alzamiento...*, cit., Barcelona, 1973, p.110; MARTÍNEZ-BUJÁN PÉREZ, *Derecho penal económico y de la empresa...*, cit., p. 90; PÉREZ MARTÍNEZ, *La frustración...*, cit., p. 189.

Otros autores y la mayoría de la jurisprudencia, sin embargo, restringen el tipo al dolo directo, en coherencia con la interpretación de la expresión «en perjuicio» como elemento subjetivo del injusto y con la calificación del delito como de tendencia y de consumación anticipada[49]. Con arreglo a este otro esquema, el tipo incorporaría un elemento tendencial consistente en la intención de causar perjuicio al acreedor[50] y que serviría, entre otras cosas, para evitar el castigo de «quien se ha visto perjudicado por fluctuaciones del mercado que hayan conllevado una depreciación patrimonial o quien haya llevado a cabo inversiones de capital o mercantiles que le hayan generado pérdidas, cuando éstas fueron razonables»[51]. Dicho «dolo específico» tendría que inferirse «de los actos realizados por el deudor en orden a provocar su insolvencia, que normalmente consisten en la transmisión de los bienes a familiares, amigos o personas de su confianza que ya saben de antemano lo ficticio o irreal de esa transmisión»[52]. Así, se ha considerado acreditado en base a indicios como: el precio vil en la transmisión; la proximidad temporal entre la realización de las conductas y las fechas de nacimiento y/o vencimiento de obligaciones; la irracionalidad económica de los negocios llevados a cabo; inexperiencia del comprador en el sector; la formalización de la venta sin valoración de los activos para conocer el valor real de las participaciones; la inexistencia de rastreo bancario del pago del comprador; o la no justificación del destino dado al dinero recibido, entre otros[53]. La SAP Alicante de 7 de mayo de 2020 menciona como indicio más frecuente la ausencia de racionalidad económica de la operación[54]. Por su parte, la STS de 8 abril de 2009 ve ese «ánimo tendencial» en quien, después de recibir una cantidad de dinero mediando la ejecución provisional de una sentencia recurrida, le dio un destino oculto, «consciente de que la disposición del dinero impediría definitivamente el retorno en la eventualidad de una revocación parcial de la sentencia» —que es lo que terminaría sucediendo—. En cambio, un simple impago de deudas o el cierre empresarial no servirían por si solos para sustentarlo[55]. La STS de 18 de septiembre de 2001 ve incompatible el empleo de lo sustraído a la posible vía de apremio en el pago de otras deudas con el tipo subjetivo, en la medida en que el art, 257 «no es una tipificación penal de la violación de las normas civiles o mercantiles relativas a la prelación de créditos».

---

49.   MUÑOZ CONDE, *El delito*..., cit., pp.142 y ss.; GALLEGO SOLER, «Capítulo VII. Frustración...», cit., p. 906; STS de 1 de febrero de 2006, SAP Barcelona, de 8 de enero de 2008, STS de 28 de abril de 2010, STS de 20 de febrero de 2019, STS de 22 de abril de 2019.

50.   STS de 11 de abril de 2005, SAP Barcelona de 8 de enero de 2008 —identificándolo con el propósito específico del sujeto de frustrar legítimas esperanzas de cobro de sus acreedores—, SAP Granada de 24 de julio de 2014.

51.   COBO DEL ROSAL, M., «Apunte jurisprudencial sobre el delito de alzamiento de bienes», *Cuadernos de Política Criminal*, n.º 106 (2012), p. 252.

52.   SAP Murcia de 6 de octubre de 2020.

53.   Vid. STS de 31 de mayo de 1991, STS de 11 de octubre de 2005, STS de 27 de diciembre de 2007.

54.   Vid. también SAP Barcelona de 27 de octubre de 2017.

55.   STS de 11 de abril de 2006.

3.   JUSTIFICACIÓN

Son imaginables supuestos de estado de necesidad, cuando la enajenación de los bienes es la única solución para salir del estado de precariedad o indigencia en que se hallen el sujeto activo o su familia[56] o para «pagar tratamientos médicos o quirúrgicos que alivien su salud»[57]. Además, en la medida en que el alzamiento esté dirigido a salvar la empresa, abonar los salarios de los trabajadores o evitar un despido masivo podría plantearse la cuestión del estado de necesidad incompleto[58]. La STS de 4 de junio de 1993 rechaza, sin embargo, traerlo en aplicación en relación con el alzamiento cometido mediante la venta de un local a la mujer con la que el acusado «hacía vida marital desde hacía varios años», argumentando que dicha eximente «tanto en su vertiente plena como en la incompleta, requiere como presupuesto necesario e imprescindible la existencia de una situación angustiosa e inminente de puesta en peligro de bienes jurídicos. Y, evidentemente, el que hubiese tenido tres hijos con la mujer —en estas diligencias coencausada— con la que convivía no puede exculparle, como pretende..., de su conducta de alcanzar una situación de insolvencia con el fin de eludir su obligación de satisfacer las pensiones fijadas en la correspondiente sentencia de divorcio». El recurrente había alegado que dicha venta buscaba únicamente «salvar lo indispensable para su subsistencia y la de los tres hijos» habidos con la compradora.

Un sector doctrinal ha venido recurriendo al expediente de la justificación para resolver la calificación penal del pago a algún acreedor de una obligación exigible en detrimento del derecho de los demás, en los casos en que el deudor no puede atenderlos a todos[59]. En realidad, ni puede apreciarse estado de necesidad, al no existir la situación límite que requiera la realización de la acción típica enjuiciada como única forma de salvar otro bien jurídico —es decir, la situación de necesidad—, ni el ejercicio legítimo de un derecho cuya existencia debería demostrarse[60]. Otros autores optan, en cambio, por su atipicidad, al no cumplirse los requisitos de la intención de perjudicar o de que la insolvencia sea consecuencia de la realización de maniobras de ocultación, salvo en los casos en que deba venir en aplicación el art. 260 por existir ya un estado de insolvencia actual o inminente o un procedimiento concursal en que se haya asignado una prelación a los créditos[61].

4.   ITER CRIMINIS

La doctrina y jurisprudencia consideran que se trata de un delito de consumación anticipada, que se consuma en el momento en que el deudor se coloca en situación de insolvencia, total o parcial, real o ficticia, «provocada con el propósito en el agente de

---

56.   MUÑOZ CONDE, *El delito...*, cit., p. 152; BAJO FERNÁNDEZ / BACIGALUPO SAGGESE, *Derecho penal económico*, cit., p. 388.
57.   VIVES ANTÓN / GONZÁLEZ CUSSAC, *Los delitos...*, cit., p. 78.
58.   MUÑOZ CONDE, *El delito...*, cit., pp. 160 y 161.
59.   MUÑOZ CONDE, *El delito...*, cit., p. 157, decantándose por el ejercicio legítimo de un derecho.
60.   VIVES ANTÓN / GONZÁLEZ CUSSAC, *Los delitos...*, cit., p. 77.
61.   BAJO FERNÁNDEZ / BACIGALUPO SAGGESE, *Derecho penal económico*, cit., p. 387; GONZÁLEZ CUSSAC, «Delitos...», cit., p. 495.

frustrar legítimas esperanzas de cobro de sus acreedores depositarios de los bienes inmuebles o muebles o derechos de contenido económico del deudor»[62]. La STS de 23 de noviembre de 2018 resume la jurisprudencia en la materia de la siguiente manera: «La constante doctrina de esta Sala expuesta en las SSTS. 667/2002 de 15.4, 1471/2004 de 15.12, 1459/2004 de 14.12 dice que "a expresión en perjuicio de sus acreedores" que utilizaba el art. 519 del Código Penal de 1973 (EDL 1973/1704), y hoy reitera el artículo 257.1.º del Código Penal de 1995 (EDL 1995/16398), ha sido siempre interpretada por la doctrina de esta Sala, no como exigencia de un perjuicio real y efectivo en el titular del derecho de crédito, sino en el sentido de intención del deudor que pretende salvar algún bien o todo su patrimonio en su propio beneficio o en el de alguna otra persona allegada, obstaculizando así la vía de ejecución que podrían seguir sus acreedores. Este mismo precedente jurisprudencial precisa que, como resultado de este delito, no se exige una insolvencia real y efectiva, sino una verdadera ocultación o sustracción de bienes que sea un obstáculo para el éxito de la vía de apremio. Y por eso las sentencias de esta Sala, que hablan de la insolvencia como resultado del alzamiento de bienes, siempre añaden los adjetivos total o parcial, real o ficticia (SS de 28.5.79, 29.10.88, STS. 1540/2002 de 23.9). Por ello, para la consumación del delito no es necesario que el deudor quede en una situación de insolvencia total o parcial, basta con una insolvencia aparente, consecuencia de la enajenación real o ficticia, onerosa o gratuita de los propios bienes o de cualquier actividad que sustraiga tales bienes al destino solutorio al que se hallen afectos (SSTS. 17.1 y 11.9.92, 24.1.98) porque no es necesario en cada caso hacerle la cuenta al deudor para ver si tiene o no más activo que pasivo, lo cual no sería posible en muchos caos precisamente por la actitud de ocultación que adopta el deudor en estos supuestos. Desde luego no se puede exigir que el acreedor, que se considera burlado por la actitud de alzamiento del deudor, tenga que ultimar el procedimiento de ejecución de su crédito hasta realizar los bienes embargados (STS. 4.5.89), ni menos aún que tenga que agotar el patrimonio del deudor embargándole uno tras otro todos sus bienes para, de este modo, llegar a conocer su verdadera y real situación económica. Volvemos a repetir que lo que se exige como resultado en este delito es una efectiva sustracción de alguno o algunos bienes, que obstaculice razonablemente una posible vía de apremio con resultado positivo y suficiente para cubrir la deuda, de modo que el acreedor no tiene la carga de agotar el procedimiento de ejecución, precisamente porque el deudor con su actitud de alzamiento ha colocado su patrimonio en una situación que no es previsible la obtención de un resultado positivo en orden a la satisfacción del crédito (SSTS. 425/2002 de 11.3, 1540/2002 de 23.9, 163/2006 de 10.2, 1101/2007 de 27.12)». En esa misma línea, la SAP Barcelona de 20 de abril de 2015, apunta que en el caso del ocultamiento de bienes «el delito se consuma a pesar de que el autor mantiene

---

62.   SAP Girona de 27 de mayo de 2002. Vid. DEL ROSAL BLASCO, *Las insolvencias...*, cit., p. 24; VIVES ANTÓN / GONZÁLEZ CUSSAC, *Los delitos...*, cit., p. 64; BAJO FERNÁNDEZ / BACI-GALUPO SAGGESE, *Derecho penal económico*, cit., p. 388; FARALDO CABANA, «Delitos de frustración...», cit. pp.778 y 779. En la jurisprudencia, en el mismo sentido, STS de 5 de julio de 2002, STS de 20 de enero de 2004, STS de 14 de diciembre de 2004, SAP Barcelona de 15 de junio de 2005, SAP Barcelona de 27 de diciembre de 2007, STS de 1 de septiembre de 2008, SAP Guadalajara de 26 de octubre de 2017, STS de 21 de enero de 2018, STS de 24 de abril de 2018, STS de 17 de diciembre de 2018.

un patrimonio solvente. Basta pues que se produzca un impedimento importante a la hora de la ejecución de las deudas, de modo tal que sea razonable prever un fracaso en la eventual vía de apremio».

Estaríamos, entonces, ante un delito de peligro abstracto y de mera actividad, que se consuma con la puesta en riesgo de los derechos de los acreedores por consecuencia de la ocultación o sustracción de bienes, sin necesidad de que la vía ejecutiva haya quedado totalmente cerrada[63]. La decisión del legislador de tipificar una forma de consumación anticipada invitaría, en este orden de cosas, a excluir el castigo de las formas imperfectas de ejecución por razones de orden político-criminal[64]. Como ya se ha avanzado, la causación de un perjuicio efectivo del acreedor se considera, con arreglo a este punto de vista, un acto de agotamiento del delito[65].

Frente a esta posición, otro sector jurisprudencial y doctrinal defiende que se trata de un delito de peligro concreto, cuyo resultado típico coincidiría, justamente, con la producción de la insolvencia (bastando con que sea parcial o ficticia)[66]. Cabría, pues, la tentativa cuando la ocultación no llegase a colocar al sujeto en esa situación y, por consiguiente, a poner en peligro la efectividad de los créditos[67]. Al igual que el anterior, este planteamiento se nutre de la idea de que la ocultación de bienes por el deudor, para quedarse de forma definitiva con ellos, representa un adelantamiento de las barreras de intervención a un momento en que todavía no se ha producido la frustración de los derechos de los acreedores.

Por último, HUERTA TOCILDO, MARTÍNEZ-BUJÁN PÉREZ, SOUTO GARCÍA y VÁZQUEZ IRUZUBIETA entienden que la conducta típica exige para su consumación que se provoque directamente ese perjuicio económicamente evaluable[68], un perjuicio —precisa HUERTA[69]— que surgiría desde el momento en que el acreedor viese frustradas sus expectativas de satisfacer su crédito y no le quedase otra salida, para conseguirlo, que acudir a un costoso y lento procedimiento judicial. Esta conclu-

---

63.   GARCÍA RIVAS, «Insolvencias...», cit., p. 360; BENÍTEZ ORTÚZAR, «Frustración en la ejecución...», cit., p. 575. En la jurisprudencia vid. STS de 27 de diciembre de 2007, STS de 16 de febrero de 2017, STS de 20 de febrero de 2018, STS de 1 de octubre de 2018.

64.   Vid. ampliamente MUÑOZ CONDE, *El delito...*, cit., pp. 166 y ss.

65.   BENÍTEZ ORTÚZAR, «Frustración en la ejecución...», cit., p. 575; STS de 13 de febrero de 1992; STS de 27 de abril de 2000; STS de 15 de octubre de 2003; SAP Granada de 24 de julio de 2014; STS de 24 de abril de 2018.

66.   MUÑOZ CONDE, El delito..., cit., p. 119; FARALDO CABANA, «Delitos de frustración...», cit., p. 775; GONZÁLEZ CUSSAC / VIVES ANTÓN, *Los delitos...*, cit., p. 30; DEL ROSAL BLASCO, «Las insolvencias...», cit., p. 25; GALÁN MUÑOZ, A., «Frustración de la ejecución e insolvencias punibles», en GALÁN MUÑOZ, A. / NÚÑEZ CASTAÑO, E., *Manual de Derecho penal económico y de la empresa,* Tirant lo Blanch, Valencia, 2017, pp. 86 y 87; GONZÁLEZ CUSSAC, «Delitos...», cit., p. 454. En la jurisprudencia vid. STS de 8 de noviembre de 2016, STS de 6 de julio de 2017, STS de 24 de abril de 2018.

67.   GONZÁLEZ CUSSAC, «Delitos...», cit., p. 454.

68.   HUERTA TOCILDO, «Bien jurídico...», cit., p. 808; MARTÍNEZ-BUJÁN PÉREZ, *Derecho penal económico y de la empresa...*, cit., p. 88; SOUTO GARCÍA, Los delitos..., cit., pp. 200 y ss.; VÁZQUEZ IRUZUBIETA, C., *Código penal comentado,* Atelier, Barcelona, 2015, p. 454.

69.   HUERTA TOCILDO, «Bien jurídico...», cit., p. 808.

sión, que veo acertada, se ve reforzada por el hecho de que el tipo parece presuponer que la relación obligacional que debe preexistir a la conducta de ocultación se halle vencida y sea exigible. Estamos, por tanto, ante un delito de lesión y de resultado. BAJO FERNÁNDEZ / BACIGALUPO comparten ese mismo criterio, si bien partiendo de que la realización del injusto típico requiere que el deudor se haya colocado en una situación de insolvencia «impidiendo el cobro del crédito»[70]. En consecuencia, serían perfectamente posibles la tentativa —en las insolvencias anteriores al vencimiento o cuando, tras haberse colocado dolosamente en situación de insolvencia, el deudor alcanza un convenio con sus acreedores, sin que opere el vencimiento anticipado de las deudas, al no tener lugar la apertura de la fase de liquidación— y el desistimiento —por ejemplo, cuando, después de haberse colocado en esa situación, el deudor se arrepiente y satisface el crédito del deudor en el instante del vencimiento—[71]. En este trabajo se opta por esta interpretación, tanto por el entendimiento que aquí se tiene de las diferentes categorías dogmáticas implicadas, como por razones político-criminales: no es cierto —como sugiere la STS de 18 de enero de 1980— que con ella se abra la puerta a la impunidad de ocultaciones de patrimonio dotadas de gran «carga fraudulenta» y llevadas a cabo, de forma «cautelosa y premeditada», con anterioridad a la posibilidad de reclamar el cumplimiento de las deudas. Los defraudadores a que alude la STS de 25 de noviembre de 1992 —aquellos que «ante la inminencia o proximidad del advenimiento de un crédito futuro, de su liquidez o de su irremisible vencimiento, augurando un evidente perjuicio para sus intereses patrimoniales que no desean erosionarse, se adelanten o se anticipen a la materialización del crédito o créditos, a su vencimiento, liquidez o exigibilidad, frustrando y abortando las legítimas expectativas de sus acreedores, mediante la adopción de medidas de desposesión de sus bienes, tendentes a burlar los derechos de aquellos y a eludir su responsabilidad patrimonial»— deberían sancionarse como autores de una tentativa. Idéntica solución debe darse a los casos de no producción final de un perjuicio efectivo para la Hacienda Pública, en que tras los actos de vencimiento patrimonial del deudor un recurso tributario reconoce la prescripción de la deuda[72]. Para otros, como los descritos por GUTIÉRREZ

---

70.   BAJO FERNÁNDEZ / BACIGALUPO SAGGESE, *Derecho penal económico*, cit., p. 386. Vid. también DE LA MATA BARRANCO, N. J., «Delitos de frustración de la ejecución y delitos de insolvencia» en DE LA MATA BARRANCO, N. J. / DOPICO GÓMEZ-ALLER, J./ LASCURAÍN SÁNCHEZ, J. A. / NIETO MARTÍN, A., *Derecho penal económico y de la empresa*, Dykinson, Madrid, 2018, p. 297; GUTIÉRREZ PÉREZ, E., *Alzamiento de bienes e insolvencias punibles. Bases para una teoría general*, Universidad de Alicante, Alicante, 2020, pp. 247 y ss., acogiendo la idea de la causación de un perjuicio asociado a la aparición de la insolvencia, que determinaría la lesión del derecho de crédito y la consumación. Esta misma autora sintetiza las principales objeciones dirigidas contra la identificación de la situación de insolvencia con el momento consumativo: GUTIÉRREZ PÉREZ, *Alzamiento...*, cit., pp. 252 y 253.

71.   MARTÍNEZ-BUJÁN PÉREZ, *Derecho penal económico y de la empresa...*, cit., p. 93; SOUTO GARCÍA, *Los delitos...*, cit., pp. 312 y ss.

72.   La STS de 25 de febrero de 2003 declaró que la prescripción de la deuda nunca puede alegarse para negar su existencia sobre la base de un error de tipo. Comenta esta sentencia MARCOS CARDONA, «El delito...», cit., pp. 101 y 102, defendiendo, sin embargo, la consumación del alzamiento desde la óptica del delito «como delito de peligro, por haberse obstaculizado o impedido la eficacia del procedimiento de apremio por los actos de vaciamiento patrimonial».

PÉREZ[73], en que se alcanza un convenio que incluye una quita en los derechos de los acreedores o una espera o demora temporal en la satisfacción del crédito, la protección jurídico-civil resulta, en mi opinión, más que suficiente.

Hay que conceder, con todo, que esta discusión se ve inevitablemente distorsionada por el hecho de que, en la práctica —y salvo que, con anterioridad, el acreedor tuviera acceso a informaciones fiables sobre las maniobras de ocultación que está desarrollando el deudor y la insuficiencia de su patrimonio para responder a sus deudas[74]—, la persecución sólo tendrá lugar tras el vencimiento de la deuda (y comprobado el perjuicio del derecho de crédito)[75].

5.   AUTORÍA Y PARTICIPACIÓN

Por tratarse de un delito especial, que limita el círculo de sujetos activos a quienes posean la cualidad de deudor (el directamente obligado desde una perspectiva jurídico-civil y los restantes sujetos que responden subsidiariamente de la obligación principal), aquel es el único que podrá ser calificado como autor, debiendo darse entrada a los criterios de imputación personal con relación a los *extranei* que participen en el hecho. Si la deuda tuviera varios cotitulares, todos los que realicen los actos que se corresponden con la conducta típica serían coautores[76]. De servirse el deudor de otro sujeto a modo de instrumento para llevar a cabo la ocultación podrá ser castigado como autor mediato.

MARTÍNEZ-BUJÁN PÉREZ propone resolver los supuestos dudosos que puedan plantearse de la siguiente manera[77]: 1) Cuando la conducta típica no sea ejecutada por el deudor, sino por quien actúa en su nombre y representación, vendrá en aplicación el art. 31 CP; 2) La conducta de quien, sin poseer el dominio social típico, determina la frustración del crédito de los acreedores (por ejemplo haciendo desaparecer maquinaria o instrumentos de trabajo integrantes del patrimonio de la empresa) deberá encuadrarse en la participación en el alzamiento del administrador (si actúa en connivencia con él) o en la autoría del delito patrimonial de que se trate (hurto, robo, apropiación indebida, daños) o, en otro caso, sancionarse con la impunidad[78]; 3) El socio-deudor que instrumentaliza al administrador para realizar la conducta constitutiva de alzamiento será autor mediato del delito, pero si aquel es consciente del carácter delictivo de su actuación se abren varias posibilidades: a) participación del socio-deudor en el alzamiento del administrador[79]; b) coautoría de ambos fundamentada en el dominio funcional del

---

73.   Vid. GUTIÉRREZ PÉREZ, *Alzamiento*..., cit., p. 283.

74.   Vid. CASTELLÓ NICÁS, «El delito...», cit., pp. 13 y ss.

75.   SOUTO GARCÍA, *Los delitos*..., cit., pp. 260 y ss.; CASTELLÓ NICÁS, «El delito...», cit., pp. 13 y ss.; PÉREZ MARTÍNEZ, *La frustración*..., cit., p. 281 y nota 675.

76.   MUÑOZ CONDE, *El delito*..., cit., p. 178; PÉREZ MARTÍNEZ, *La frustración*..., cit., p. 238.

77.   MARTÍNEZ-BUJÁN PÉREZ, *Derecho penal económico y de la empresa*..., cit., pp. 94 y ss.

78.   MARTÍNEZ-BUJÁN PÉREZ, *Derecho penal económico y de la empresa*..., cit., p. 94; de la misma opinión GARCÍA CAVERO, P., *La responsabilidad penal del administrador de hecho de la empresa: criterios de imputación*, Bosch, Barcelona, 1999, p. 186.

79.   GARCÍA CAVERO, *Responsabilidad penal*..., cit., p. 187.

hecho[80]; c) autoría mediata del socio-deudor en aplicación de la construcción de la autoría mediata por aparatos organizados de poder[81]; y d) autoría del socio-deudor en comisión por omisión[82]; 4) El socio-deudor que ejecuta la conducta típica sin poseer el dominio social típico no puede ser considerado autor de alzamiento, pero sí de los delitos patrimoniales que corresponda (en este supuesto el administrador que conociese la conducta del socio y no hiciese nada para impedirla podría considerarse autor de alzamiento en comisión por omisión[83]).

La colaboración sucesiva de varias personas después de realizado el primer acto de ocultación sería, a juicio de la opinión mayoritaria, atípica, dado que el delito ya se habría consumado con la colocación del deudor en estado de insolvencia (en su caso podrá subsumirse en la receptación, el encubrimiento o el blanqueo de capitales)[84]. La solución sería muy distinta si —como aquí se hace— se acoge la tesis que refiere el momento consumativo al de la efectiva frustración del derecho de crédito[85] o si se considera que, aunque la consumación coincide con el instante en que el titular del patrimonio se alza con los bienes y derechos que lo integran, los efectos del estado antijurídico originado se prolongan a lo largo del tiempo, con «evidente repercusión en los patrimonios de aquellas personas que quedan directamente afectados»[86]: la de la cooperación necesaria o la complicidad.

La calificación que debe darse a quienes se hayan puesto de acuerdo con el sujeto activo para realizar maniobras fraudulentas de ocultación es, a tenor de numerosas resoluciones dictadas por el Tribunal Supremo en esta materia, la de cooperadores necesarios[87]. A propósito de la participación del cónyuge, la STS de 30 de junio de 2005 recuerda que la Sala 2.ª del Alto Tribunal «admite la participación del cónyuge del acusado en el delito de alzamiento de bienes, como cooperador necesario, tanto cuando otorga poder en favor del esposo para que éste realice actos de ocultación de bienes (STS. 4.5.91) como cuando colabora en la modificación de capitulaciones matrimoniales o adquiere los bienes adjudicados a su esposo (STS. 4.3.91, 14.1.2003)». La sentencia apreció el delito en un caso en que «el recurrente Cornelio enajenó sus mitades indivisas a su cónyuge Celestina, dificultando, cuando no imposibilitando que responda

---

80.   MUÑOZ CONDE, *El delito...*, cit., pp. 181 y 184.
81.   FARALDO CABANA, «Los delitos de insolvencia...», cit., pp. 291 y 292.
82.   MARTÍNEZ-BUJÁN PÉREZ, *Derecho penal económico y de la empresa...*, cit., p. 95.
83.   GARCÍA CAVERO, *Responsabilidad penal...*, cit., p. 187.
84.   Vid. GARCÍA RIVAS, «Insolvencias punibles», cit., p. 364; VIVES ANTÓN / GONZÁLEZ CUS-SAC, *Los delitos...*, cit., p. 39.
85.   SOUTO GARCÍA, *Los delitos...*, cit., pp. 340 y ss.; MARTÍNEZ-BUJÁN PÉREZ, *Derecho penal económico y de la empresa...*, cit., p. 96.
86.   GARCÍA SÁNCHEZ, A., *La función social de la propiedad en el delito de alzamiento de bienes*, Comares, Granada, 2003, pp. 334 y 335.
87.   Vid. MUÑOZ CONDE, *El delito...*, cit., pp. 175 y ss.; GALLEGO SOLER, «Capítulo VII. Frustración...», cit., p. 904; GARCÍA SÁNCHEZ, *La función...*, cit., p. 330; PÉREZ MARTÍNEZ, *La frustración...*, cit., pp. 240 y ss.; MARTÍNEZ-BUJÁN PÉREZ, *Derecho penal económico y de la empresa...*, cit., p. 96 y 97; GONZÁLEZ CUSSAC, «Delitos...», cit., p. 492. En la jurisprudencia, además de otras referencias aportadas por los precitados autores, pueden verse las SSTS de 21 de noviembre de 2002, 14 de enero de 2003 y STS de 3 de febrero de 2017.

de una deuda liquida, vencida y exigible, vigente ya el régimen de separación de bienes». En la relación de hechos probados se hace constar que, en abril de 2000, modificaron su régimen económico ganancial, adjudicándole al esposo bienes transmitidos por él mismo a Celestina en pago de supuestas entregas de dinero adelantadas por ella para satisfacer deudas —de Cornelio— «con personas cuya identidad no consta, dinero, que, a su vez, la Sra. Celestina habría recibido de parientes sin constancia documental alguna». Consecuentemente, concluye el Alto Tribunal, «no cabe duda que el esposo tiene la cualidad directa de deudor y por tanto puede perfectamente serle imputado el delito a título de autor, sin que sea necesario indagar ni profundizar acerca si esas deudas eran gananciales o no, ni si por tanto la esposa era o no deudora, por cuanto es evidente su participación al menos en concepto de cooperadora necesaria, equiparándose la penalidad en el art. 28 CP, pues como se ha indicado, conociendo la problemática y la deuda que su marido estaba generando con el Sr. Jesús María, no ha podido ofrecer una mínima explicación convincente del porqué del otorgamiento de las capitulaciones y la compra por su parte de los bienes de su esposo».

De esta opinión se apartan quienes ven dudoso que, por relevante que pueda ser la participación de terceros, no sea posible concebir contribuciones no necesarias, susceptibles de merecer la calificación de complicidad[88].

En la necesidad de distinguir las distintas clases de participación criminal abunda la STS de 18 de noviembre de 2021, en la que se afirma que una «mera aportación causal-natural favorecedora del plan criminal de quien domina el hecho como autor no convierte por sí al interviniente en partícipe criminal», so pena de contravenirse «los principios de culpabilidad, autorresponsabilidad y prohibición de regreso». De ahí —prosigue— que «la clave normativa de la calificación como penalmente relevante ex artículos 257.1.1.º y 28, ambos, CP de los actos negociales otorgados por un tercero que recaen sobre bienes de quien tiene obligaciones pendientes, radique en determinar si mediante aquellos cooperó de forma decisiva para producir una situación de insolvencia parcial o total, real o ficticia, que comprometa el derecho de los acreedores del deudor a hacer efectivos sus créditos, asumiendo dicho resultado». La sentencia enjuicia un supuesto en el que se produjo un significativo vaciamiento patrimonial del deudor a consecuencia de un contrato con la sociedad DISJASA que comportó salidas de mercancía sin un retorno económico «mínimamente equivalente», alcanzando el precio efectivamente satisfecho apenas el 20 % del valor de la mercancía entregada. A continuación, el Alto Tribunal se adentra en una serie de consideraciones que le llevan a concluir que los recurrentes —la socia mayoritaria de DISJASA, que actuaba «con conocimiento de todo lo que se realizaba y plenos poderes», y su administrador único— participaron de un plan de despatrimonialización diseñado o asumido por el deudor, favoreciendo así el resultado de «generar una situación de insolvencia, introduciendo el riesgo específico de frustración de los créditos preexistentes». Además de la ausencia de retorno equivalente al valor de las mercaderías entregadas, los datos (suministrados

---

88.   VIVES ANTÓN / GONZÁLEZ CUSSAC, *Los delitos...*, cit., p. 38; GARCÍA SÁNCHEZ, *La función...*, cit., p. 331.

por los hechos declarados probados) que acreditan que la participación de los recurrentes «reúne todas las notas de relevancia penal exigidas por el artículo 28 CP» serían: «primero, la propia fragilidad mercantil y empresarial de la sociedad DISJASA S.L, constituida por los recurrentes con un capital social de 3.050 euros, para cumplir con los términos del contrato. Hasta el punto de no disponer de naves apropiadas para la recepción y conservación de los productos; segundo, los mecanismos de pago fraccionado establecidos —algunos de los pagarés se libraron para su presentación al cobro a más de seis años— carentes de toda justificación desde los usos comunes de la práctica mercantil; tercero, la extracción descontrolada, sin constancia precisa en forma de albaranes y facturas, por indicaciones directas del tercero fallecido, utilizando medios humanos y logísticos puestos a disposición por los ahora recurrentes... de alrededor de 66.000 piezas cárnicas de los almacenes de JAMÓN SALAMANCA S.A, entre los días 7 a 14 de octubre de 2011, por un valor de más de 2.100.000 euros, que no ha sido satisfecho y cuyo destino, además, se desconoce; cuarto, la proximidad temporal entre dicha extracción masiva de jamones y paletas... y la solicitud formal del concurso realizada apenas un mes después».

Otras sentencias se sitúan en esa misma línea restrictiva. La STS de 23 de febrero de 1992 castiga como cooperador necesario al cónyuge de una de las coautoras, Raúl, con la siguiente argumentación: «No parece serio poner en duda que Raúl, esposo de Rosario, y que tuvo intervención en muchas operaciones del negocio de "Talleres Usón, S. L.", como se acredita con los numerosos documentos por él mismo aportados a la presente causa, y que accedió a fingir la realidad de la deuda en cuyo pago se enajenaron a su favor los dos inmuebles de autos, obró, desde luego, a sabiendas de los propósitos defraudadores de su esposa y cuñado. La intervención de Raúl antes descrita, sin la cual no podía haberse producido la sustracción de los bienes por él adquiridos a las posibilidades de ejecución de sus créditos por parte de los acreedores, teniendo en cuenta la forma concreta en que se produjo el delito en el caso presente, es claro que ha de calificarse como una conducta de cooperación necesaria que encaja perfectamente en el núm. 3 del art. 14 del CP». La STS de 19 de junio de 2004 entiende que no existen suficientes fundamentos para considerar cómplices a quienes participaron en la apertura de la cuenta corriente utilizada por el deudor para llevar a cabo los actos idóneos para favorecer o acelerar su insolvencia, ya que el tribunal «*a quo* no ha podido determinar la fecha en la que se produjo la apertura de la cuenta detallada en el punto 5 de los hechos probados. Tampoco ha podido establecer que alguno de los dos acusados... haya intervenido en operaciones en las que se haya ingresado o extraído de la citada cuenta corriente cantidad alguna de dinero y, consecuentemente, si tuvieron conocimiento de tales operaciones. Cabría, naturalmente, suponer que estos acusados hubieran cooperado a la realización del delito mediante la apertura misma de la cuenta. Sin embargo, la complicidad debe ser en todo caso dolosa, dado que la responsabilidad por imprudencia sólo es factible si la ley la prevé en forma expresa... El dolo de la complicidad requiere que el cómplice, cuando a éste sólo se le imputa un hecho socialmente adecuado como la apertura de una cuenta corriente, haya tenido conocimiento del plan delictivo que se llevaría a cabo».

Las SSTS de 15 de junio de 2006 y de 18 de noviembre de 2021 hacen uso de lo dispuesto en el art. 65.3 CP para rebajarle la pena al *extraneus* partícipe.

6. CONCURSOS

La forma en que el legislador alude al sujeto pasivo («sus acreedores») aboca a entender que cuando una misma conducta de alzamiento lesione los derechos de varios acreedores habrá un único delito[89]. El alzamiento de bienes se desarrolla con frecuencia, sin embargo, en escenarios económicos complejos, en que se acompaña de otras actuaciones dirigidas a la preparación y aseguramiento del resultado del delito[90]. Veámoslo a continuación.

6.1.   Con el delito concursal

Una de las cuestiones más debatidas es la de su relación con el delito concursal. Para su análisis nos remitimos al epígrafe XI de este trabajo.

6.2.   Con la estafa del art. 248 CP

La relación del alzamiento con el delito del art. 248 CP —estafa genérica— merece también atención, en los supuestos en que el sujeto contrae una obligación con la finalidad de no darle nunca cumplimiento, ocultando posteriormente los bienes. La doctrina y la jurisprudencia consideran como solución más razonable la de un concurso de leyes, a resolver en favor de la estafa por consunción[91] o alternatividad[92].

En la jurisprudencia los mayores problemas se plantean, quizá, en los casos en que la realización del negocio o actividad fraudulentos y la provocación de la situación de insolvencia tienen lugar en un marco temporal relativamente próximo, pero con solución de continuidad. En ellos la necesidad de contemplar todo el desvalor del injusto ha llevado al Tribunal Supremo a considerar que la estafa «admite el concurso real con el posterior delito de alzamiento de bienes que tenga como presupuesto la deuda gene-

---

89.   MUÑOZ CONDE, *El delito...*, cit., p. 112; BAJO FERNÁNDEZ / BACIGALUPO SAGGESE, *Derecho penal económico*, cit., p. 424; FARALDO CABANA, «Delitos de frustración...», cit., p. 777.

90.   MONTOYA VACADÍEZ, D. M., «Sentencia del Tribunal Supremo (Sala de lo Penal, Sección 1.ª) 576/2016, de 29 de junio [ROJ: STS 2983/2016] Alzamiento de bienes y conductas afines», *Ars Iuris Salmanticensis*, vol. 4 (2016), p. 282.

91.   BAJO FERNÁNDEZ / BACIGALUPO SAGGESE, *Derecho penal económico*, cit., p. 390; GALLEGO SOLER, «Frustración...», cit., p. 907; STS de 20 de diciembre de 2005; STS de 25 de mayo de 2012.

92.   VIVES ANTON / GONZÁLEZ CUSSAC, *Los delitos...*, cit., p. 90; MARTÍNEZ-BUJÁN PÉREZ, *Derecho penal económico y de la empresa...*, cit., pp. 98 y 99, matizando que el art. 8.4.ª obligará a priorizar el alzamiento si deben aplicarse el tipo de la estafa del art. 249 o el cualificado de alzamiento del 257.3. En la jurisprudencia vid. STS de 21 de enero de 2019.

rada con la previa defraudación»[93]. La opción por esa solución vendría avalada ulteriormente, según la STS de 25 de mayo de 2012, por argumentos «de coherencia penológica»; y es que, en el supuesto enjuiciado en ella (la realización de una operación mercantil fraudulenta de compra de madera y de posteriores negocios y actividades de despatrimonialización catalogados como delito de alzamiento de bienes), acoger el expediente del concurso de normas a resolver por consunción, en que la estafa anterior absorbería el posterior alzamiento, «lleva a dislates punitivos que no pueden asumirse». Así, explica la sentencia, un alzamiento que tuviese como base una relación obligacional derivada de un contrato lícito y legítimo recibiría más pena (prisión de uno a cuatro años y multa de doce meses) que otro que fuese la secuela de un delito de estafa no agravada y que, con arreglo a la tesis de la consunción, quedaría absorbido por aquella, recibiendo, en consecuencia, una única pena de prisión comprendida entre seis meses y tres años (art. 249).

De existir otros acreedores diferentes al sujeto pasivo de la estafa deberá apreciarse asimismo un concurso de delitos[94].

6.3. Con la estafa del art. 251.2.º CP

Otra cuestión debatida es la de sus vínculos con la figura del art. 251.2.º CP. Con la mirada puesta en los supuestos de doble venta, esto es, en que un deudor dispone de un bien como libre sabiendo que estaba gravado y le causa un perjuicio al acreedor titular del gravamen, quienes ven en aquella una estafa propia, que participa de la naturaleza del fraude, no se plantean otra opción que la de su subsunción en el tipo del alzamiento[95]. El sector de opinión que la califica como estafa impropia (por no requerir ni la inducción a error ni el acto de disposición) es partidario del concurso aparente de leyes penales a resolver por especialidad o alternatividad[96]. A su vez, cuando la ocultación del gravamen se emplea como medio de engaño para inducir a error al adquirente del bien, que termina realizando un acto de disposición perjudicial para su patrimonio, estaremos ante un concurso ideal[97]. MARTÍNEZ-BUJÁN PÉREZ, en cambio, trata esta última hipótesis como concurso real con la estafa del art. 248, al entender que no se da la necesaria unidad de hecho[98].

---

93. Véase STS de 23 de abril de 2014, añadiendo que «sancionar exclusivamente con las penas del alzamiento de bienes a quien ha maquinado un ardid para lograr engañar a otro impulsándole a un acto de disposición en su beneficio y luego extrae fraudulentamente de su patrimonio bienes para dificultar el debido resarcimiento, supone desdeñar una relevante porción de injusto, negar trascendencia penal a toda la actividad inicial defraudatoria equiparando esa conducta a la de quien sencillamente quiere eludir el pago de una deuda contraída a través de un negocio lícito».

94. Vid. STS de 25 de mayo de 2012.

95. De esta opinión GONZÁLEZ CUSSAC, apuntando que la estructura típica del delito del art. 251.2.º exige «un engaño en virtud del cual se realiza el acto de disposición» y que ese mecanismo «sólo puede concurrir, en el caso que nos ocupa, respecto del adquirente del bien al que se oculta el gravamen». Vid. GONZÁLEZ CUSSAC, «Delitos...», cit., p. 496.

96. MARTÍNEZ-BUJÁN PÉREZ, *Derecho penal económico y de la empresa...*, cit., p. 99.

97. MUÑOZ CONDE, *El delito...*, cit. p. 208; BAJO FERNÁNDEZ / BACIGALUPO SAGGESE, *Derecho penal económico*, cit., p. 390.

98. MARTÍNEZ-BUJÁN PÉREZ, *Derecho penal económico y de la empresa...*, cit., p. 100.

6.4.   Con la estafa del art. 251.3.º CP

Debe considerarse, asimismo, la relación con la estafa del art. 251.3.º CP, en aquellos casos en que la conducta de alzarse se ejecuta por medio del otorgamiento de un contrato simulado entre el deudor y otra persona. Para la opinión dominante se produce un concurso de normas que se resuelve en favor del alzamiento por razones de alternatividad o de especialidad[99].

6.5.   Con el fraude fiscal CP

Si la ocultación de bienes se produce en fase de liquidación de tributos y sirve de medio para defraudar a la Hacienda pública, el único delito que vendrá en aplicación será, en su caso, el del art. 305 CP (para la realización del alzamiento se requiere el vencimiento previo de la deuda). Naturalmente, si además de servir como medio para defraudar a la Hacienda pública, la ocultación constituyese un alzamiento frente a otros acreedores titulares de un crédito anterior ya vencido y exigible debería aplicarse el correspondiente concurso real[100]. Si el deudor se sitúa en situación de insolvencia en la fase de recaudación de los tributos, sólo entra en juego el alzamiento, siempre y cuando la ocultación se lleve a cabo después de la liquidación[101]. Si el sujeto realiza primero la defraudación (en fase de liquidación) y luego el alzamiento (en fase de recaudación), existirán dos delitos distintos en concurso real[102].

La SAP Barcelona de 22 de marzo 2021 optó por un concurso real de delitos para castigar a los accionistas y administradores de una sociedad mercantil que vendió fincas de su propiedad a otra, percibiendo una cantidad que excedía de 120.000 euros y que no fue declarada en el Impuesto de Sociedades. En el momento en que se produce la venta era administradora única de la sociedad otra mercantil, bajo control de los acusados, que, en fecha posterior a la venta, compró sus acciones. Tras dicha operación, que formaba parte de un plan no sólo para eludir el pago del tributo devengado por la venta sino también para vaciar el patrimonio de la entidad obligada tributariamente y hacer infructuosa así la ejecución que previsiblemente iniciaría la Administración Tri-

---

99.   Optan por la solución de la alternatividad: FARALDO CABANA, «Delitos de frustración...», cit., pp. 779 y 780; DEL ROSAL BLASCO, «Las insolvencias...», cit., pp. 27 y ss.; VIVES ANTÓN / GONZÁLEZ CUSSAC, *Los delitos*..., cit., pp. 91 y 92; DE VICENTE REMESAL, J., «Alzamiento de bienes, otorgamiento de contrato simulado y falsedad en documento público: delimitación y cuestiones concursales. Comentario a la STS (Sala 2.ª) de 14 de junio de 1989», *La Ley*, n.º 3 (1990), p. 128. Para MUÑOZ CONDE debe aplicarse el de especialidad: vid. MUÑOZ CONDE, *El delito*..., cit., pp. 208 y 209. Acoge ese criterio la STS de 4 de abril de 2007.

100.   MARTÍNEZ-BUJÁN PÉREZ, *Derecho penal económico y de la empresa*..., cit., p. 105; PÉREZ MARTÍNEZ, *La frustración*..., cit., p. 330 y nota 804; GONZÁLEZ CUSSAC, «Delitos...», cit., p. 455; STS de 22 de abril de 2019.

101.   MARTÍNEZ-BUJÁN PÉREZ, *Derecho penal económico y de la empresa*..., cit., p. 105.

102.   SOUTO GARCÍA, *Los delitos*..., cit., p. 358; MARTÍNEZ-BUJÁN PÉREZ, *Derecho penal económico y de la empresa*..., cit., p. 105. En contra de esta solución VIVES ANTÓN / GONZÁLEZ CUSSAC, *Los delitos*..., cit., pp. 96 y 97, esgrimiendo, entre otros, el argumento de que «parece difícil concebir un concurso real entre un delito de peligro, el alzamiento, y un delito de lesión, el delito fiscal, por ejemplo, cuando ambos se refieren a la misma deuda, esto es, a la puesta en peligro y a la lesión del patrimonio de la Hacienda Pública».

butaria para el cobro de la deuda tributaria, se encontraba el administrador de hecho de la sociedad, que, como tal, llevó a cabo diversas operaciones dirigidas a descapitalizarla (suscripción de acciones de otras entidades, su posterior venta por un precio muy inferior al de adquisición con interposición de hasta cinco sociedades pantallas instrumentales, extracción de sumas importantes de dinero de sus cuentas mediante transferencias, cheques y retiradas en efectivo) y a dispersar y volatilizar el dinero para no ingresar en el Erario Público las cantidades por las cuotas correspondientes al Impuesto de Sociedades. Con esa misma idea de impedir o, al menos, dificultar el éxito de la previsible ejecución de la Administración Tributaria por la deuda devengada en las operaciones de las que le dieron cuenta —mediante la presentación de las correspondientes autoliquidaciones del IVA repercutido en las mismas—, los acusados utilizaron otras sociedades mercantiles, a través de las que canalizaron los fondos recibidos con la venta de las parcelas, transfiriéndolos a sus cuentas para fingir inversiones que ni eran reales ni respondían a ninguna lógica económica y simulando operaciones de venta que no reportaron ingreso alguno.

Para la SAP Jaén de 16 de noviembre de 2015 cabe, asimismo, concurso (real) de delitos en un supuesto en que el acusado, con ánimo de defraudar a la Agencia Tributaria, beneficiándose del sistema de tributación de las adquisiciones intracomunitarias previsto en la Ley 37/1992, de 28 de diciembre, reguladora del I.V.A., procedió mediante una compleja trama societaria a la obtención indebida de devoluciones tributarias (a través de diversos circuitos de compra-venta de aceite se generaban cuotas de IVA soportado o deducible en sede de la empresa que administraba y que no se ingresaban por las sociedades vinculadas). La sentencia señala que, mediante esa maquinación, consiguió hacer ineficaces las expectativas crediticias de la AEAT, al no poseer la sociedad deudora otros bienes embargables.

6.6. Con la malversación impropia

Si el deudor dispone de sus bienes cuando se hallan embargados y él mismo es el depositario puede plantearse un concurso ideal con la malversación impropia[103]. Algunos autores consideran, en cambio, que es un concurso de normas a resolver, en favor de la malversación, a partir de los principios de especialidad, consunción o alternatividad[104].

6.7. Con otros delitos

Teniendo en cuenta la diversidad de bienes jurídicos protegidos, en los supuestos, frecuentes, en los que se recurra a un delito de falsedad documental para ocultar los bienes nos encontraremos ante un concurso medial, siempre y cuando, como indica MARTÍNEZ-BUJÁN PÉREZ, no se trate de una falsedad en documento privado del

---

103. BAJO FERNÁNDEZ / BACIGALUPO SAGGESE, *Derecho penal económico*, cit., p. 390 y 391.

104. VIVES ANTÓN / GONZÁLEZ CUSSAC, *Los delitos...*, cit., p. 93; DEL ROSAL BLASCO, «Las insolvencias...», cit., pp. 29 y 30; MARTÍNEZ-BUJÁN PÉREZ, *Derecho penal económico y de la empresa...*, cit., p. 101.

art. 395[105]. De ser así se apreciaría un concurso de normas a resolver, en favor del alzamiento, en virtud del principio de consunción[106]. El alzamiento podrá entrar asimismo en concurso ideal con el delito de desobediencia del art. 556 CP, en aquellos supuestos en que el deudor se niega a entregar en el juzgado los bienes designados por el juez[107].

Con el impago de pensiones en el ámbito familiar la relación es, según unos autores, de concurso aparente de leyes penales a resolver en favor del alzamiento[108]. Para otros, en cambio, estaremos ante un concurso ideal, medial[109] o, si el alzamiento tiene lugar después de que el sujeto ya hubiera sido condenado por el impago, real[110]. En la jurisprudencia pueden verse diversas soluciones[111]. Por la del concurso real opta, por ejemplo, la STS de 17 de marzo de 2021, a cuyo tenor en el caso de autos existía prueba bastante y suficiente «para entender concurrente el delito de alzamiento de bienes ocultando y dificultando las posibilidades de cobro de deudas, y existe delito de impago de pensión alimenticia que puede configurarse como una especie de violencia económica, dado que el incumplimiento de esta obligación deja a los propios hijos en un estado de necesidad en el que, ante su corta edad, y carencia de autosuficiencia, necesitan de ese sustento alimenticio del obligado a prestarlo». El primero, puesto que la conducta que se va desplegando «es tendencial dirigida a ocultar y dificultar la conducta de sus acreedores para cobrar sus deudas», centrándose en: a) concluir la actividad de la sociedad de responsabilidad limitada de la que era administrador solidario para darse de alta posteriormente en la actividad que realizaba; b) utilizar los bienes, infraestructuras y clientes de la sociedad pero imputándose los resultados a sí mismo, no destinándolos a hacer frente a las deudas contraídas por aquella; y c) descapitalizarla, «al cederse, de modo fraudulento, medios personales, materiales, clientes etc., dejando a la empresa en situación estática, desorganizada y despatrimonializada y, por tanto, sin

---

105. MARTÍNEZ-BUJÁN PÉREZ, *Derecho penal económico y de la empresa...*, cit., p. 102. Vid. también MUÑOZ CONDE, *El delito...*, cit., p. 21; mismo autor, «Autonomía del delito de alzamiento de bienes y su relación con otros delitos afines», *Revista Jurídica de Catalunya*, vol. 76 (1977), pp. 323 ss.; BACIGALUPO SAGGESE, S., «Insolvencia y Derecho Penal», *La Ley*, n.º 9537 (2010), pp. 123 y ss.

106. MUÑOZ CONDE, *El delito...*, cit., p. 217; SOUTO GARCÍA, *Los delitos...*, cit., pp. 352 y ss.; FARALDO CABANA, «Delitos de frustración...», cit., p. 781.

107. MUÑOZ CONDE, El delito..., cit., p. 214; VIVES ANTON / GONZÁLEZ CUSSAC, *Los delitos...*, cit., p. 94; PÉREZ MARTÍNEZ, *La frustración...*, cit., p. 333. MARTÍNEZ-BUJÁN PÉREZ y SOUTO GARCÍA optan por el concurso real. Vid. MARTÍNEZ-BUJÁN PÉREZ, *Derecho penal económico y de la empresa...*, cit., p. 101; SOUTO GARCÍA, *Los delitos...*, cit., pp. 351 y 352.

108. ROBLES PLANAS, R. / PASTOR MUÑOZ, N., «Delitos contra el patrimonio (III)», en SILVA SÁNCHEZ, J. M.ª (dir.), *Lecciones de Derecho Penal Parte Especial*, Atelier, Barcelona, 2023, p. 306.

109. SOUTO GARCÍA, *Los delitos...*, cit., p. 339; LAURENZO COPELLO, P.: *Los delitos de abandono de familia e impago de pensiones*, Tirant lo Blanch, Valencia, 2001, p. 107; MARTÍNEZ-BUJÁN PÉREZ, *Derecho penal económico y de la empresa...*, cit., p. 103; PÉREZ MARTÍNEZ, *La frustración...*, cit., p. 328.

110. MARTÍNEZ-BUJÁN PÉREZ, *Derecho penal económico y de la empresa...*, cit., p. 103.

111. Vid. SAP Granada de 9 de diciembre de 2010, SAP Barcelona de 26 de septiembre de 2010, SAP Asturias de 3 de junio de 2010.

posibilidad alguna de sostenerse y generar ingresos, con claro perjuicio de sus acreedores». Por lo que se refiere al impago, su concurrencia se deriva de que «en el año 2008, el Sr. Constancio, dejó de abonar las pensiones de alimentos a partir de la que debía ingresar en octubre de 2008 hasta el final de esta anualidad, siendo su importe actualizado a dicha fecha de 382,20 euros. Tampoco hizo frente al abono de la mitad de los gastos extraordinarios de los menores. Y en los años sucesivos, 2009 hasta finales de 2015, sigue sin abonar las pensiones de alimentos y la mitad de los gastos extraordinarios a los que venía obligado, salvo los pagos parciales que se han declarado probados».

Con el blanqueo de capitales, por su parte, podrá existir de nuevo un concurso ideal[112]. La STS de 10 de febrero de 2023 alude a un concurso de delitos con los de los arts. 282 bis y 290.

La STS de 22 de diciembre de 1987 aprecia alzamiento y apropiación indebida en un supuesto de compra de un motor marino por un precio de 6.785.703 pesetas, de las que el comprador pagó en la fecha de formalización del contrato 1.000.902 pesetas y aceptó por el resto 33 letras de cambio (por valor de 175.297 pesetas cada una) con vencimientos mensuales, reservándose la vendedora el dominio del objeto vendido hasta el total pago del precio. Pese a ello, el comprador, contrariando lo pactado, incorporó el motor a un buque pesquero construido para su hijo, que, conociendo la procedencia del motor, y con el consentimiento de su padre, vendió posteriormente el barco a un vecino. No atendidas a sus respectivos vencimientos once letras de cambio aceptadas para el pago del motor, la vendedora instó ante el Juzgado de 1.ª Instancia de Sevilla demanda ejecutiva, cuyas consecuencias se vieron frustradas con la transferencia por el acusado de su patrimonio inmobiliario (dos viviendas en Isla Cristina, una plaza de garaje en la misma ciudad y un apartamento en Punta del Caimán) a su hijo político, simulando la existencia de un crédito a favor del mismo.

La STS de 12 de febrero de 1992 optó, en cambio, por una solución distinta para un supuesto muy similar. El procesado había comprado diversos objetos y electrodomésticos destinados a la explotación de un bar de su propiedad, librando para su pago una letra de cambio que, al resultar impagada, fue reclamada judicialmente por el vendedor ante el Juzgado de Primera Instancia núm. 2 de Castellón a través del correspondiente juicio ejecutivo. En él se trabó embargo sobre la totalidad de los bienes mencionados y posteriormente fueron vendidos en pública subasta, si bien no pudo llevarse a efecto su adjudicación al haberse concertado el procesado con un tercero, en cuyo favor había otorgado poder notarial por el que lo autorizaba para que procediese a su venta. En lo que aquí interesa, la sentencia reconoce la existencia de una apropiación indebida, que no de un alzamiento, puesto que lo enajenado fueron bienes ajenos al procesado (por haber sido objeto de un contrato de venta con pacto de reserva de dominio).

---

112.   Vid. el supuesto de hecho descrito en la STS de 29 de junio de 2016: transferencias de fondos a cuentas bancarias abiertas a nombre de sociedades en paraísos fiscales.

6.8. Delito continuado

La jurisprudencia no considera posible la apreciación de un delito continuado. La STS de 24 de diciembre de 1992 señala que es la propia estructura del delito («que exige la ocultación, enajenación real o ficticia, simulación fraudulenta de créditos o actos similares para llegar a una situación de insolvencia») la que obliga a concluir que, aunque sean muchos los hechos realizados, se estará «en presencia de toda una actuación global que absorbe esos actos con el denominador común finalístico en una sola figura punible sin que pueda escindirse cada una de esas acciones individualizadas con otros tantos hechos delictivos por separado y al no ser así no es posible tampoco tomarlas en cuenta a los efectos de constituir con ellas la ficción jurídica de un delito continuado». La STS de 13 de marzo de 2002, por su parte, se apoya en la inclusión en el tipo de la palabra «bienes», en plural, para afirmar que se puede disponer «de varios bienes... —e incluso será ocurrencia frecuente que así sea— mediante actos concretos realizados en diferentes momentos... porque la estructura de tal delito se refiere a una actuación global que absorbe datos aislados pero realizados todos con una común finalidad defraudatoria, lo que excluye también la posibilidad de aplicar la figura del delito continuado».

7. APLICACIÓN DE LA EXCUSA ABSOLUTORIA DEL ART. 268 CP

En el art. 268 CP se establece una excusa que alcanza a la responsabilidad penal por los delitos patrimoniales que se causen entre si determinados parientes, siempre que no concurra violencia o intimidación. La cláusula, perfectamente aplicable al alzamiento, exige que los cónyuges no estén «separados legalmente o de hecho o en proceso judicial de separación, divorcio o nulidad de su matrimonio». Se ha defendido su aplicación en los casos de alzamiento para frustrar una futura reclamación de alimentos del hijo ya concebido, pero no nacido, así como en los de desavenencia matrimonial, cuando, antes de llegar a una previsible separación legal o de hecho, uno de los cónyuges prepara su insolvencia en perjuicio del otro, en previsión de que pueda ser condenado a pagar una pensión[113]. Otros autores optan, en cambio, por su subsunción en el tipo, partiendo de la base de que el delito sólo puede consumarse una vez iniciado el proceso judicial de separación[114]. La apreciación de la excusa afecta a la responsabilidad penal, no a la civil, que se mantiene. Además, según el art. 268.2, «no es aplicable a los extraños que participaren en el delito», consecuencia obligada de su naturaleza de causa personal de exención de pena, no sujeta al principio de accesoriedad que permitiría extender sus efectos a los partícipes.

8. RESPONSABILIDAD CIVIL

La opinión mayoritaria viene señalando que el importe de la responsabilidad civil por alzamiento no se identifica con el de las deudas preexistentes, en la medida en que

---

113.   MUÑOZ CONDE, *El delito...*, cit., p. 230.
114.   MARTÍNEZ-BUJÁN PÉREZ, *Derecho penal económico y de la empresa...*, cit., p. 107; SOUTO GARCÍA, *Los delitos...*, cit., p. 362.

no nacen o son consecuencia del delito[115]. Para MARTÍNEZ-BUJÁN PÉREZ, dada la configuración típica del delito, que difiere la consumación al momento en que concurra un crédito vencido y exigible, lo más correcto será, sin embargo, que la condena incluya la obligación de abonar el importe del crédito defraudado y en descubierto[116]. Este planteamiento coincide con la tesis de MIR PUIG / GALLEGO SOLER de que el alzamiento genera en todo caso un perjuicio específico, derivado de la insolvencia y consistente en la pérdida de valor económico que trae consigo la imposibilidad total o parcial de realización del crédito[117].

Tras reafirmarse en la idea de que los perjuicios causados por el alzamiento no son equivalentes al valor de la obligación impagada, la jurisprudencia acepta que podrían existir daños específicos derivados del delito, cuya estimación deberá llevarse a cabo caso a caso y que deberían incluirse en la responsabilidad civil *ex delicto*, en concepto de reparación del daño e indemnización de perjuicios materiales y morales[118]. Se ha admitido, excepcionalmente, por ejemplo, que deben indemnizarse los perjuicios causados por la imposibilidad de reintegrar el bien que abandonó indebidamente el patrimonio del deudor —al no poder ser localizado o no poder satisfacer el importe de las deudas[119], o ser irreivindicable, por la circunstancia que se apuntará a continuación—.

El pronunciamiento en torno a la responsabilidad civil conllevará, naturalmente, el reintegro al patrimonio del deudor de los bienes ocultados, para intentar procurar seguidamente, en su caso, la satisfacción de los créditos que pretendían frustrarse[120], es decir, el restablecimiento del orden jurídico al momento previo a la *conducta delictiva*. Ello implicará, a su vez, la declaración de nulidad del negocio fraudulentamente realizado por el deudor: la nulidad de la escritura y de cualquier documento público fraudulento

115.   MUÑOZ CONDE, *El delito...*, cit., p. 236; BAJO FERNÁNDEZ / BACIGALUPO SAGGESE, *Derecho penal económico*, cit., p. 391; VIVES ANTÓN / GONZÁLEZ CUSSAC, *Los delitos...*, cit., p. 101; GARCÍA RIVAS, «Insolvencias punibles», cit., p. 371; MARCOS CARDONA, «El delito...», cit., p. 95. En la jurisprudencia vid. SSTS de 30 de julio de 1996, 23 de enero de 2020 y de 17 de febrero de 2022, indicando que, tras el alzamiento, el crédito se mantiene inalterado y el acreedor «puede reclamarlo en virtud de la fuente que lo fundase —un contrato, la ley, un delito...— ante la jurisdicción correspondiente».

116.   MARTÍNEZ-BUJÁN PÉREZ, *Derecho penal económico y de la empresa...*, cit., pp. 108 y 109. También RUIZ MARCO ve razonable que el importe de la deuda «se incluya, como concepto fundamental, en el monto de esas cantidades cuyo objetivo es, precisamente, devolver al sujeto pasivo a la situación anterior al delito». Vid. RUIZ MARCO, *La protección...*, cit., pp. 362 y 363.

117.   MIR PUIG, S. / GALLEGO SOLER, J. I., «Responsabilidad civil derivada de los delitos de alzamiento», en ZUGALDÍA ESPINAR, J. M. / LÓPEZ BARJA DE QUIROGA, J. (coord.), *Dogmática y Ley penal: libro homenaje a Enrique Bacigalupo,* vol. 2, Marcial Pons, Madrid, 2004, pp. 1085 y ss.

118.   STS de 24 de febrero de 2005, STS de 23 de julio de 2004, advirtiendo que «no se trata de utilizar retorcidamente la categoría de los daños morales para basar una compensación económica que puede aparecer intuitivamente como adecuada», sino que lo correcto «es desentrañar en cada caso si las acciones catalogables como alzamiento de bienes o han generado un perjuicio económico añadido; o han ampliado la esfera de sujetos responsables».

119.   SSTS de 14 de julio de 1986, 1 de julio de 1991 y 12 de julio de 1996; MUÑOZ CONDE, *El delito...*, cit., p. 236.

120.   MUÑOZ CONDE, *El delito...*, cit., p. 235; VIVES ANTÓN / GONZÁLEZ CUSSAC, *Los delitos...*, cit., p. 100 y jurisprudencia allí citada.

o simulado, la cancelación de la inscripción en el Registro de la Propiedad y la reposición del bien vendido a la situación jurídica anterior al juicio ejecutivo[121]. Dicha declaración tiene como límite, no obstante, la intervención en las transmisiones fraudulentas de terceros que no hayan sido parte en el proceso y que se verán afectados por el resultado de la sentencia[122]. Hay que tener en cuenta, además, que a tenor del art. 111.1 del Código penal la restitución nunca será posible en los casos «en que el tercero haya adquirido el bien en la forma y con los requisitos establecidos por las leyes para hacerlo irreivindicable», esto es, en los arts. 464 del Código civil, 85, 86,324 y 545 del Código de Comercio y 34 de la Ley Hipotecaria, por el que se establece que el tercero de buena fe adquirente a título oneroso de algún derecho de persona que en el Registro aparezca con facultades para transmitirlo, quedará protegido manteniéndose en su adquisición, «una vez que haya inscrito su derecho, aunque después se anule o resuelva el del otorgante por virtud de causas que no consten en el mismo Registro». En ese caso, la reparación podría articularse a través de una indemnización que, como indica la STS de 15 de octubre de 2002, supone también «un medio sustitutivo de la integridad patrimonial cercenado por el acto de disposición fraudulenta cuando la reintegración es imposible»[123]. La indemnización tendría como límite el valor del bien sustraído en la ejecución[124].

Va de suyo que, además del deudor condenado por haber ocultado los bienes en perjuicio de sus acreedores, podrán responder los partícipes, en consideración a lo indicado en el art. 116.2 CP («solidariamente entre sí por sus cuotas, y subsidiariamente por las correspondientes a los demás responsables»). La aplicación de la excusa absolutoria de la responsabilidad penal incluida en el art. 268 CP no trae consigo la exclusión de la responsabilidad civil, que sólo podrá ser consecuencia de renuncia expresa o reserva de la acción civil por parte de la víctima[125].

9. PERSEGUIBILIDAD

Aunque se sujeta a la regla general de la persecución de oficio, el alzamiento se muestra en la práctica como un delito perseguible a instancia de parte, por la especial complejidad que plantea su prueba.

Una de las principales novedades del Código penal de 1995 en esta materia fue la de eliminar la prejudicialidad civil, en el sentido de que el proceso penal no podrá

---

121. Vid. SSTS de 25 de mayo de 1983 y de 21 de octubre de 1998; MORENO VERDEJO, J., «El tratamiento de las insolvencias en el nuevo Código Penal», en SERRANO BUTRAGUEÑO, I. / FONTÁN, M. / RODRÍGUEZ, J. L. (coord.), *El nuevo Código Penal y su aplicación a las empresas y profesionales. Manual teórico práctico*, vol. II, Recoletos cia, Instituto de Estudios Penales Marques de Beccaria, Coopers & Lybrand. Madrid, 1996, pp. 137 y 138.

122. VIVES ANTÓN / GONZÁLEZ CUSSAC, *Los delitos...*, cit., pp. 101 y 102, con indicaciones jurisprudenciales.

123. Vid. también STS de 7 de julio de 2006, SAP Las Palmas de 30 de noviembre de 2007, STS de 28 de abril de 2010.

124. MARCOS CARDONA, «El delito...», cit., p. 95.

125. SOUTO GARCÍA, *Los delitos...*, cit., p. 355.

interrumpirse, aunque se hubiese iniciado un procedimiento civil por insolvencia (art. 257. 5 CP). Al tratarse de una declaración de carácter procesal, no conlleva en absoluto la posibilidad de sancionar penalmente por ambos delitos[126] y permite apreciar la excepción de cosa juzgada si el procedimiento concursal desembocó en un delito concursal y, tras haberse producido una condena por alzamiento, se hubiera abierto el correspondiente proceso penal basado en el mismo hecho[127]. Algunos autores han apuntado, incluso, que implica una derogación fáctica del art. 896 del Código de Comercio, a cuyo tenor «en ningún caso, ni a instancia de parte ni de oficio, se procederá, por los delitos de quiebra culpable o fraudulenta, sin que antes el Juez o Tribunal haya hecho la declaración de quiebra y la de haber méritos para proceder criminalmente»[128].

Tal y como aclara MARTÍNEZ-BUJAN PÉREZ, una cosa es la posibilidad de sustanciar los dos procedimientos (civil/ mercantil y penal) de manera simultánea, y otra muy distinta la pretensión de investigar (y castigar) una misma conducta como constitutiva de alzamiento de bienes y a la vez de delito concursal *ex* art. 259, que conllevaría una vulneración del principio *ne bis in idem*[129].

II. ALZAMIENTO PARA ELUDIR LA EFICACIA DE UN EMBARGO O DE UN PROCEDIMIENTO EJECUTIVO O DE APREMIO (ART. 257.1.2.º CP)

El art. 257.1.2.º describe el alzamiento procesal o impropio, dirigido a quienes realizan actos de disposición patrimonial o generadores de obligaciones que dilaten, dificulten o impidan «la eficacia de un embargo o de un procedimiento ejecutivo o de apremio, judicial, extrajudicial o administrativo, iniciado o de previsible iniciación» y que la jurisprudencia y doctrina dominantes han venido considerando como un mero desarrollo descriptivo del alzamiento propio del art. 257.1.1.º[130]. Su principal dificultad está en definir esta última expresión, que debe alinearse con la exigencia de que la deuda

---

126. VIVES ANTÓN / GONZÁLEZ CUSSAC, *Los delitos...*, cit., p. 104.
127. MARTÍNEZ-BUJÁN PÉREZ *Derecho penal económico y de la empresa...*, cit., p. 110; MUÑOZ CONDE, *El delito...*, cit. p. 198; SOUTO GARCÍA, *Los delitos...*, cit., p. 375.
128. JORDANA DE POZAS, L., en CONDE-PUMPIDO FERREIRO (dir.), *Código penal: doctrina y jurisprudencia,* Tomo II, Trivium, Madrid, 1997, p. 2854.
129. MARTÍNEZ-BUJÁN PÉREZ *Derecho penal económico y de la empresa...*, cit., p. 110.
130. STS de 1 de octubre de 2003, STS de 8 de noviembre de 2007, VIVES ANTÓN / GONZÁLEZ CUSSAC, *Los delitos...*, cit., p. 108; MUÑOZ CONDE, BAJO FERNÁNDEZ / BACIGALUPO SAGGESE, *Derecho penal económico,* cit., pp. 392 y 393; CABALLERO BRUN, «Insolvencias punibles», cit., p. 253; GÓMEZ LANZ, «El nuevo régimen...», cit., pp. 479 y 480. Otros autores matizan esa postura. GONZÁLEZ CUSSAC lo califica como «alzamiento específico» con (dos) características «que le confieren una autonomía propia»: el propósito de alzarse —que no es preciso que se logre— y la conducta típica —que debe producir una consecuencia muy determinada en los procedimientos delimitados por el tipo—. Vid. GONZÁLEZ CUSSAC, «Delitos...», cit., p. 456. FARALDO CABANA encuentra la razón de ser del delito en el significativo uso que la jurisprudencia ha venido haciendo de él: vid. FARALDO CABANA, «Delitos de...», cit., p. 782.

contraída por el deudor esté ya vencida[131]. Esta interpretación restrictiva tiene la virtualidad de limitar el ámbito de lo punible en un tipo que equipara la sanción de penal de conductas de diversa gravedad (alzamientos para eludir la eficacia de procedimientos ejecutivos ya iniciados y de previsible iniciación). De la mano de ella, el delito vendría a cubrir, pues, aquellos supuestos en que, al realizarse la ocultación con posterioridad al momento de vencimiento de la deuda, la aparición del estado de insolvencia coincide exactamente con la causación del perjuicio al patrimonio del deudor[132]. Para VIVES ANTÓN / GONZÁLEZ CUSSAC, sin embargo, los términos «de previsible iniciación» indicarían que las maniobras de ocultación sólo revestirán carácter típico (siendo constitutivas de tentativa) cuando el inicio de la actividad judicial dirigida al cobro de la deuda es inminente, al tratarse de deudas inmediatas cuyo cumplimiento puede provocar la puesta en marcha de los procedimientos previstos en la Ley de Enjuiciamiento Civil, la Ley Hipotecaria, el Reglamento General de Recaudación o la Ley General Tributaria[133].

Un primer grupo de opiniones, sin dejar de reconocer la confluencia de otros intereses, circunscribe el bien jurídico protegido al derecho de crédito de los acreedores, esto es, al del tipo básico[134]. Para otro sector de la propia doctrina y la jurisprudencia[135], en cambio, el carácter supraindividual del bien jurídico se refleja en la referencia del tipo a la existencia de un «embargo o de un procedimiento ejecutivo o de apremio, judicial, extrajudicial o administrativo, iniciado o de previsible iniciación», que expresaría la decisión del legislador de proteger un bien jurídico dotado de autonomía, como interés colectivo, que va más allá de la mera protección del patrimonio de los acreedores: la eficacia de los embargos o procedimientos ejecutivos o de apremio. La idea sería la de que, por mucho que el fin pretendido por el sujeto activo siguiese siendo el de dar al traste con las expectativas de cobro de sus acreedores, el medio elegido para ello (la obstaculización del procedimiento de ejecución) supondría alterar el correcto funcionamiento de los instrumentos públicos con los que el ordenamiento jurídico quiere garantizar la ordenada ejecución crediticia. Este otro planteamiento puede verse, por ejemplo, en la STS de 12 de febrero de 2021, que declara que esta figura «protege los mecanismos tendentes a la ejecución de las deudas sin perjuicio de la prevalencia de

---

131. SOUTO GARCÍA, «La tutela...», cit., p. 151; BENÍTEZ ORTÚZAR, «Frustración en la ejecución...», cit., p. 576; FARALDO CABANA, «Delitos de frustración...», cit., p. 783; MARTÍNEZ-BUJÁN PÉREZ *Derecho penal económico y de la empresa...*, cit., p. 112.

132. MARTÍNEZ-BUJÁN PÉREZ *Derecho penal económico y de la empresa...*, cit., p. 113; HUERTA TOCILDO, «Bien jurídico...», cit., p. 810; SOUTO GARCÍA, *Los delitos...*, cit., pp. 382 y ss.; FARALDO CABANA, «Delitos...», cit., p. 783; GALÁN MUÑOZ, «Frustración...», cit., p. 89.

133. VIVES ANTÓN / GONZÁLEZ CUSSAC, *Los delitos...*, cit., p. 117. En términos semejantes, para CABALLERO BRUN «previsible iniciación» implica previsibilidad objetiva de la ejecución. Es decir, la posibilidad cierta de que objetivamente se inicie la ejecución con independencia de la eficacia del título que contenga la obligación; situación que se da no solo respecto de las obligaciones exigibles, sino también en aquellas cuya exigibilidad está sujeta a plazo»: vid. CABALLERO BRUN, *Insolvencias...*, cit., pp. 264 y 265.

134. VIVES ANTÓN / GONZÁLEZ CUSSAC, p. 105; SOUTO GARCÍA, *Los delitos...* ob. cit., pp. 362 y ss.; GUTIÉRREZ PÉREZ, *Alzamiento...*, cit., p. 677.

135. GÓMEZ LANZ, «El nuevo régimen...», cit., p.480, con mención de la STS de 8 de octubre de 2009.

estas o las garantías de las que puedan gozar» y que la lesión del bien jurídico que conduce la conducta típica «no se produce porque mediante dichos actos negociales se provoque de forma necesaria una situación de insolvencia sino porque se afecte de forma significativa la eficacia de los mecanismos institucionalizados con los que el ordenamiento jurídico tutela el crédito. Muy en particular, los tendentes a asegurar y ejecutar, en su caso, los bienes con los que se debe responder». El mismo orden de ideas se deja ver en la STS de 13 de julio de 2023, que declara que a través del tipo específico del art. 257.1.2.º se extiende el alcance de la regulación histórica del delito de alzamiento «a la realización de todo negocio jurídico que dilate, dificulte o impida la eficacia de un procedimiento en curso o de inminente activación de embargo, apremio o ejecución judicial o extrajudicial», protegiéndose con ello «los mecanismos tendentes a la ejecución de las deudas sin perjuicio de la prevalencia de estas o las garantías de las que puedan gozar». Esta interpretación no es, desde luego, la única posible, ni la que dota de mayor coherencia a la figura del art. 257.1.2.º. Para un tercer grupo de opiniones, finalmente, el delito es pluriofensivo o tiene un bien jurídico de naturaleza mixta (patrimonial y socioeconómico a la vez), pues de manera directa o inmediata se protege la satisfacción de un crédito concreto y, específicamente el crédito objeto de un procedimiento de ejecución o embargo iniciado o de previsible iniciación y mediatamente «la correcta sustanciación de los instrumentos públicos puestos al servicio de la ordenada ejecución crediticia»[136]. En la jurisprudencia se inscribe en esa línea interpretativa la STS de 14 de junio de 2023, que indica que esta modalidad de alzamiento no sólo ampara el derecho de crédito, en su vertiente individual y supraindividual, sino también, «la eficacia inmediata de los instrumentos públicos puestos al servicio de la ordenada ejecución crediticia, lo que sugiere, con claridad, el carácter pluriofensivo de la acción», de modo que la lesión del bien jurídico se producirá, no en el momento en que de los actos de disposición se derive la insolvencia del deudor, sino cuando «se afecte de forma significativa la eficacia de los mecanismos institucionalizados con los que el ordenamiento jurídico tutela el crédito».

En mi opinión, existen argumentos sólidos, tanto de índole formal como material, a favor de la tesis patrimonialista. Por un lado, la afirmación de la eficacia de los embargos o de los procedimientos ejecutivos o de apremio como bien jurídico independiente choca con la decisión del legislador de abrir el tipo a comportamientos llevados a cabo aunque no se hubieran iniciado. Por otro, no parece razonable que la intervención penal en esta materia se fundamente en la necesidad de amparar mecanismos procesales que no son sino un instrumento para preservar aquello que se aspira a satisfacer mediante ellos: el crédito en tanto elemento patrimonial.

La conducta típica, coincidente con la que da vida al alzamiento genérico[137], viene constituida por la realización de un acto de disposición patrimonial o generador de obligaciones (compraventas, arrendamientos de inmuebles propios, constitución de

---

136. MARTÍNEZ PÉREZ, p. 254. En esa misma línea ya SOUTO GARCÍA, *Los delitos*... cit., p.254.
137. DE LA MATA BARRANCO, «Delitos...», cit., p. 298; PÉREZ MARTÍNEZ, *La frustración*..., cit., p. 263; FARALDO CABANA, «Delitos de...», cit., p. 782.

hipotecas) que tenga como consecuencia la de «dilatar, dificultar o impedir» la eficacia del embargo o el procedimiento ejecutivo o de apremio, judicial, extrajudicial o administrativo. El embargo podría ser acordado, en primer lugar, de forma preventiva, esto es, como medida cautelar destinada a «asegurar la ejecución de sentencias de condena a la entrega de cantidades de dinero o de frutos, rentas y cosas fungibles computables a metálico por aplicación de precios ciertos» (art. 727 LEC) o una vez instado un procedimiento de ejecución, en la medida en que el ejecutado no consigne la cantidad discutida (arts. 584 y ss. LEC). La conversión de los bienes que integran el patrimonio del deudor en dinero se realiza a través del procedimiento de apremio. Conviene recordar que el art. 101 de la Ley 39/2015 establece como uno de los medios de ejecución forzosa el apremio sobre el patrimonio, que no requiere de intervención judicial alguna. El procedimiento se inicia con la notificación de la providencia de apremio, en la que se liquidan los recargos del período ejecutivo y se concede un plazo para pagar el importe total de lo adeudado y del correspondiente recargo. De no haberse procedido al pago, la Administración podrá ejecutar las garantías aportadas por el deudor y, en su defecto, llevar a cabo actuaciones de embargo y ejecución de sus bienes para el cobro de las deudas.

La redacción del precepto es, en cualquier caso, confusa, pues el embargo y el apremio no son sino fases del procedimiento de ejecución, de modo que, como explica SOUTO GARCÍA, la mención al «procedimiento ejecutivo» habría bastado para dar cobertura a todos los casos actualmente sancionados por el delito[138]. Se ha destacado también la enorme amplitud con que viene descrito el ámbito procedimental sobre el que debe proyectarse la conducta[139].

Abundando en la estructura del delito, para un sector de la doctrina[140], los términos «dilatar, dificultar o impedir» constituyen un elemento subjetivo del tipo, que respondería a la estructura de los delitos de resultado cortado: el autor ejecutaría la acción típica —realizar actos de disposición patrimonial o generador de obligaciones— para producir un resultado —de dilatar, dificultar o impedir la eficacia de un embargo o de un procedimiento ejecutivo o de apremio— que queda fuera del tipo. Una interpretación integral y sistemática del precepto obliga, sin embargo, a entenderlos como resultados que llevan consigo la producción de un perjuicio patrimonial[141]. Por lo demás, aunque para algún autor cualquier maniobra de ocultación o disminución del patrimonio ya tiene el sentido de obstruir el procedimiento ejecutivo[142], a la inclusión de esa referencia

---

138.   SOUTO GARCÍA, *Los delitos...*, cit., p. 370.
139.   GARCÍA RIVAS, «Insolvencias punibles», cit., p. 373.
140.   BENÍTEZ ORTÚZAR, «Frustración en la ejecución...», cit., pp. 575 y 576.
141.   HUERTA TOCILDO, «Bien jurídico...», cit., pp. 809 y 810; MARTÍNEZ-BUJÁN PÉREZ *Derecho penal económico y de la empresa...*, cit., p. 114; FARALDO CABANA, «Delitos...», cit., pp. 782 y 783. Sin aludir a la vertiente del perjuicio patrimonial, BAJO FERNÁNDEZ / BACIGALUPO SAGGESE señalan que la conducta tiene que producir «el efecto de dilatar, dificultar o impedir» el embargo o procedimiento: vid. BAJO FERNÁNDEZ / BACIGALUPO SAGGESE, *Derecho penal económico*, cit., p. 393.
142.   MUÑOZ CONDE, PÉREZ MARTÍNEZ, *La frustración...*, cit., p. 264.

en el tipo debe dársele el valor de remarcar que debe proceder justamente del comportamiento obstativo del autor[143].

Otra de las cuestiones controvertidas que plantea esta modalidad de alzamiento es que no parece posible obstaculizar o impedir un procedimiento de ejecución que todavía no se ha iniciado. A juicio de SOUTO GARCÍA, como el tipo penal se circunscribe a los actos de disposición fraudulentos realizados en el lapso temporal que media entre el vencimiento de la deuda y el inicio del procedimiento de ejecución (cuyo inicio sería «previsible» precisamente al haberse producido el vencimiento de la deuda y no haberse satisfecho el crédito), los actos de disposición realizados con anterioridad a dicho inicio deberían castigarse como forma imperfecta de ejecución[144]. Para otras opiniones, en cambio, la alusión típica a un procedimiento de ejecución o embargo «de previsible iniciación» obliga a desechar sin ambages la consideración de la ocultación de los bienes en ese lapso como tentativa: lo que tendrá lugar es «su comisión como tal»[145]. En realidad, a lo único a lo que conduce la tesis de SOUTO GARCÍA, que estimo correcta, es a la calificación del tipo como de consumación anticipada, en el que se adelantan las barreras de protección describiéndose una ejecución imperfecta elevada a la categoría de delito independiente.

A la hora de determinar qué clase de negocios concretos podrían dar vida a la conducta, por determinar la pérdida por el acreedor de la garantía y eficacia de los procedimientos legalmente establecidos para la reclamación de créditos insatisfechos, se han planteado básicamente dos posibilidades[146]: los negocios ficticios de los que pueda desprenderse una disminución del patrimonio del deudor[147] y aquellos otros que, aunque no determinan de por si una minoración de su patrimonio, impiden en la práctica que se ejecute el crédito, al aparecer un tercero como titular del dominio o de un derecho real. La SAP Badajoz de 29 de enero de 2015 sitúa extramuros del tipo la constitución de un préstamo hipotecario, «pudiéndose sólo hablar de disminución, cuando, producido el impago del préstamo, se hubiera ejecutado el bien que garantizaba la deuda».

La STS de 1 de marzo de 2023 considera aplicable el art. 257.1.2.º a los supuestos de aportación de inmuebles a una sociedad de capital, con sustitución del dominio de las fincas por la detentación en el patrimonio individual de las participaciones que el deudor haya suscrito mediante la aportación de sus inmuebles, cuando en su patrimonio no quedan otros activos susceptibles de atender la deuda «con idéntica operatividad y facilidad». La sentencia recuerda que, si bien no existe una prohibición general de disponer o un mandato absoluto de que el deudor inmovilice su patrimonio «hasta que

---

143. El supuesto de hecho de la STS de mayo de 2007 es el de la venta simulada de una finca que representaba el único activo patrimonial y que impidió así el embargo preventivo que se había decretado.

144. SOUTO GARCIA, *Los delitos...*, cit., pp. 373 y 374.

145. PÉREZ MARTÍNEZ, *La frustración...*, cit., p. 273.

146. VIVES ANTÓN / GONZÁLEZ CUSSAC, *Los delitos...*, cit., p. 111.

147. La STS de 14 de junio de 2023 considera que no dan vida al alzamiento las trasmisiones patrimoniales realizadas a sociedades íntegramente participadas por el deudor, porque no conllevan la realización de actos de disposición que impliquen una mengua de su patrimonio.

se inicie y finalice el proceso de ejecución por deudas preexistentes, incluso por las no vencidas pero de próximo vencimiento», el tipo penal «sí observa una exigencia de buena fe negocial y que los negocios así abordados generen la entrada de nuevos activos de contenido económico patrimonial equivalente, de modo que no se frustre una realización ejecutiva de los créditos pendientes que hubiera sido fácilmente abordable de no haberse desplegado la actuación patrimonial». «Ni la acción de nulidad de la aportación en aquellos supuestos en los que exista un solapamiento abusivo entre la identidad del deudor y la personalidad jurídica de la entidad receptora, ni el embargo de las participaciones —razona—, reequilibran la posición procesal del acreedor en orden a la satisfacción de sus créditos»; bien al contrario, dichas alternativas «tornan penosa, y claramente compleja, la realización forzosa de los créditos, frente al ventajoso mecanismo que hubiera supuesto la subasta de los inmuebles de haber continuado en el patrimonio individual del obligado al pago»[148].

Si bien la tipicidad no se supedita expresamente a la existencia de un estado de insolvencia del deudor, debe considerarse presupuesto del delito[149].

El tipo exige dolo, esto es, conciencia y voluntad en la realización de los elementos objetivos del tipo. Además, en la medida en que requiere, como elemento subjetivo del tipo, la finalidad de alzarse con los bienes en perjuicio de los acreedores, sólo podrá admitirse el dolo directo[150].

La interposición de un recurso o un procedimiento incidental podrán constituir supuestos de ejercicio legítimo de un derecho.

El delito se consumará una vez producida la consecuencia de dilatar, dificultar o impedir la eficacia de los procedimientos aludidos por el tipo, sin que se requiera que el autor consiga su propósito de alzarse con sus bienes[151]. La STS de 23 de noviembre de 2018 se muestra de acuerdo con esta opinión, indicando que la consumación del

---

148. Véase también la STS de 12 de diciembre de 2023.
149. BAJO FERNÁNDEZ / BACIGALUPO SAGGESE, *Derecho penal económico*, cit., pp. 392 y 392; FARALDO CABANA, «Delitos de frustración...», cit., p. 783; SOUTO GARCÍA, «La tutela...», cit., pp. 148 y 151; HUERTA TOCILDO, «Bien jurídico...», cit., pp. 809 y 810; STS de 23 de julio de 2001; SAP León de 25 de julio de 2018; SAP Salamanca de 27 de enero de 2020; SAP de 10 de febrero de 2020; en contra NIETO MARTÍN, A., «Las insolvencias punibles en el nuevo Código penal», *Actualidad Penal*, n.º 40 (1996), marg. 769; GÓMEZ LANZ, «El nuevo régimen...», cit., p. 480; STS de 24 de enero de 1998, STS de 1 de julio de 1998, STS de 12 de diciembre de 2023, según la cual el que la conducta típica estribe en «neutralizar o complicar, material o temporalmente pero de manera esencial, el despliegue de los instrumentos dispuestos legalmente para tutelar o cobrar los créditos», y no en «que se ejecuten acciones de ocultación o de desapoderamiento del patrimonio del deudor que hubiera permitido el pago de sus deudas, generándose un estado de insolvencia» sería el elemento diferenciador del delito del art. 257.1.2.º con el del art. 257.1.1.º.
150. Para MARTÍNEZ-BUJÁN PÉREZ y SOUTO GARCÍA la expresión «con el mismo fin» debe interpretarse en referencia al mismo resultado de perjudicar al que se alude en el art. 257.1.1.º: vid. MARTÍNEZ-BUJÁN PÉREZ *Derecho penal económico y de la empresa...*, cit., p. 114; SOUTO GARCÍA, *Los delitos...*, cit., p. 382.
151. GALLEGO SOLER, «Frustración...», cit., p. 906; FARALDO CABANA, «Delitos de frustración...», cit., p. 783.

delito necesita «la efectiva sustracción de alguno o algunos bienes, que obstaculice razonablemente una posible vía de apremio con resultado positivo y suficiente para cubrir la deuda, de modo que el acreedor no tiene la carga de agotar el procedimiento de ejecución, precisamente porque el deudor con su actitud de alzamiento ha colocado su patrimonio en una situación que no es previsible la obtención de un resultado positivo en orden a la satisfacción del crédito». En el caso de autos, el sujeto había acumulado una deuda con la entidad bancaria Banc Internacional d «Andorra de 352.715,61 euros y, aprovechando el procedimiento de su separación matrimonial, el día 26 de mayo del año 2000, a través del convenio regulador de su separación, transmitió a su esposa su mitad indivisa de la que fuera su vivienda familiar». Con ello, explica, obstaculizó «las posibilidades de resarcimiento de la entidad bancaria», que en fecha 6 de diciembre de ese mismo año interpuso demanda de embargo preventivo de los bienes, acordado por auto de 13 de diciembre de 2000.

Por lo demás, el hecho de que no sea suficiente con que el deudor se autoposicione en un estado de insolvencia del que se derive su imposibilidad de afrontar el cumplimiento de sus obligaciones, sino que sea necesario, además, que ello tenga lugar en el contexto de un procedimiento de ejecución y que obstaculice su correcto desarrollo, ha llevado a entender que adopta una estructura de peligro concreto para los derechos de crédito objeto de un procedimiento de ejecución ya iniciado o del que pueda preverse una próxima iniciación[152].

Se trata de un delito de resultado y de consumación anticipada. Ello no impide, naturalmente, que pueda apreciarse la tentativa, si bien algunas opiniones suscitan la cuestión de su no punición de la tentativa, al estar demasiado alejada de la lesión del bien jurídico, teniendo en cuenta que la consumación supone únicamente su puesta en peligro.

Con relación a los concursos con los delitos de desobediencia y malversación impropia me remito a lo analizado a propósito del alzamiento genérico.

III. ALZAMIENTO PARA ELUDIR LA RESPONSABILIDAD CIVIL EX DELICTO (ART. 257.2 CP)

La LO 1/2015 reformó esta figura (hasta ese momento prevista en el art. 258 CP), trasladándola al art. 257.2 e incluyéndola, con ello, en el radio de acción de los apartados 3, 4 y 5 del art. 257. Ya se ha avanzado que la conducta típica reitera el esquema del tipo básico, pivotando sobre la existencia de una deuda y de un acto de ocultación de elementos pertenecientes al patrimonio del deudor para generar una situación de insolvencia (aparente) con que lograr la insatisfacción de los derechos de los acreedores. La doctrina ha señalado como razones para su tipificación diferenciada: a) la voluntad del legislador de dejar zanjado el debate interpretativo relativo al momento de nacimiento

---

152. VIVES ANTÓN / GONZÁLEZ CUSSAC, *Los delitos...*, cit., pp. 114 y 115.

de las responsabilidades *ex delicto*[153]; y b) su afán por precluir interpretaciones extensivas o analógicas del tipo básico, haciendo un esfuerzo de concreción de las conductas y su especialidad[154]. Por lo demás, el tipo sigue configurándose como uno especial reservado a cualquiera que pueda tener responsabilidades civiles derivadas de las penales.

El bien jurídico protegido lo constituye un interés individual de naturaleza patrimonial que se identifica con el derecho de los acreedores a satisfacer sus créditos sobre el patrimonio del deudor[155]. En apoyo de este planteamiento SOUTO GARCÍA trae la posibilidad de que el perjudicado pueda renunciar a la acción civil (no cabría si se sostuviese que el delito protege el interés supraindividual relacionado con el buen funcionamiento del sistema judicial)[156].

Tal y como pone de manifiesto el elemento subjetivo del injusto incorporado al tipo, el art. 257.2 CP circunscribe el sujeto activo del delito a quienes cumplan la condición de ser «responsables civiles», directos o subsidiarios. Entre los sujetos idóneos para perpetrarlo deben mencionarse, así, entre otros, a los inimputables, a quienes han obrado en error de prohibición o cubiertos por una causa de exculpación, a los sujetos en cuyo favor se haya precavido el mal tras la ejecución de una *conducta delictiva* en estado de necesidad, a los responsables civiles solidarios del art. 61 de la LO 5/2000, a los aseguradores del art. 117 CP, a los sujetos mencionados en el art. 118. 1. 4.º CP y a los partícipes a título lucrativo del art. 122 CP[157]. Fuera de su ámbito de aplicación quedarían, en cambio, el impago de las fianzas acordadas como medida cautelar, el de cualesquiera obligaciones derivadas de otras resoluciones judiciales y, asimismo, el de las penas pecuniarias[158]. La condición de responsable del autor debe considerarse, en

---

153.   VIVES ANTÓN / GONZÁLEZ CUSSAC, *Los delitos*..., cit., p. 118; GALLEGO SOLER, «Capítulo VII. Frustración...», cit., pp. 907 y 908. Los términos del debate pueden verse también en NIETO MARTÍN, *Las insolvencias*..., cit., p. 768; GARCÍA RIVAS, «Insolvencias...», cit., p. 374 y ss.

154.   PÉREZ MARTÍNEZ, *La frustración*..., cit., p. 260.

155.   FARALDO CABANA, «Delitos de...», cit., p. 784; MARTÍNEZ-BUJÁN PÉREZ, *Derecho penal económico*, cit., p. 125; PÉREZ MARTÍNEZ, *La frustración*..., cit., p. 278; SAP Toledo de 16 de enero de 2021; STS de 7 de junio de 2019, destacando que el tipo tiene «un estricto componente económico siendo el bien jurídico protegido el evitar que se pueda llevar a efecto la ejecución de la responsabilidad civil o el pago de créditos de terceros haciendo desaparecer bienes y colocando al penado en una situación de insolvencia».

156.   SOUTO GARCÍA, *Los delitos*, cit., p. 375.

157.   ESQUINAS VALVERDE, P., «La nueva regulación de los delitos de alzamiento de bienes en el Anteproyecto de Código penal de 2012/2013», *La Ley Penal*, n.º 105 (2013), p. 58; MARTÍNEZ-BUJÁN PÉREZ, *Derecho penal económico*, cit., p. 119; FARALDO CABANA, Delitos de frustración...», cit., p. 786; SOUTO GARCÍA, «La tutela...», cit., p. 152; BENÍTEZ ORTÚZAR, «Frustración en la ejecución...», cit., pp. 576 y 577; PÉREZ FERRER, «Sobre el...», cit., pp. 18 y 19; GALLEGO SOLER, «Capítulo VII. Frustración...», cit., p. 908.

158.   VIVES ANTÓN / GONZÁLEZ CUSSAC, *Los delitos*..., cit., p. 119; GONZÁLEZ CUSSAC, «Delitos...», cit., p. 458.

cualquier caso, un elemento del tipo [159], que no concurrirá en caso de que no haya recaído sentencia condenatoria dictada por el juez competente.

El art. 257.2 recoge un tipo mixto alternativo en el que se castiga la realización de actos de disposición, la contracción de obligaciones que disminuyan el patrimonio o, finalmente, la ocultación de elementos patrimoniales sobre los que podría hacerse efectiva la ejecución, modalidad que no implica, sino, una manera de disponer de los mismos. La desaparición del texto, con la reforma de 2015, de la referencia al carácter total o parcial de la insolvencia debe entenderse, como propone la doctrina mayoritaria, en el sentido de dar por sentado que la segunda constituye una verdadera insolvencia a los efectos de la tipicidad de todos y cada uno de los tipos o subtipos recogidos en el Capítulo VII del Título XIII. En coherencia con todo ello, parece claro que lo que se tipifica es únicamente la realización de actos simulados de disposición y de contracción de obligaciones. La inclusión, también en 2015, de la modalidad típica de la ocultación de elementos patrimoniales —que había desaparecido en la tramitación legislativa del Proyecto de 4 de octubre de 2013, probablemente al comprobarse que la Sala 2.ª del Tribunal Supremo ha venido describiendo la acción típica del alzamiento de bienes como «la ocultación de sus activos por el deudor» [160]— corrobora lo correcto de esta interpretación. La retirada de dinero para hacer frente a los gastos corrientes y el abono de deudas, unas existentes y otras de segura aparición (por ejemplo, honorarios de abogado, procurador y peritos) serán conductas atípicas [161].

Importa subrayar que, al vincular expresamente la conducta con la finalidad de eludir el pago de la responsabilidad civil *ex delicto*, también resultará atípica la ocultación de bienes u objetos sobre los que se hubiera acordado el comiso. Este es supuesto de hecho contemplado en la STS de 7 de junio de 2019, según el cual el recurrente, «conociendo que la representante del Ministerio Fiscal iba a mantener la solicitud de comiso del vehículo marca Peugeot modelo 306 matricula HI—....—F con el que... había cometido los hechos», acordó con un tercero su venta, para mostrar después su conformidad con la acusación de la Fiscalía, «dictándose sentencia in voce incluyendo el comiso del vehículo, y declarada firme en el acto». El Tribunal concluye que «el comiso es una tercera clase de sanción penal, y puede entenderse como una consecuencia patrimonial del delito que aparece en la condena, o como una consecuencia jurídica de la misma, pero no estamos ante una responsabilidad civil *ex delicto*, por lo que difícilmente podemos entender que estamos ante un derecho de crédito real y existente a favor del Estado, pues se trata en realidad de una sanción». Por ello, «la conducta declarada probada no integra el delito de alzamiento de bienes por el que viene condenado el recurrente», aunque sí «podría ser constitutivo de un delito contra la Adminis-

---

159.   HUERTA TOCILDO, «Bien jurídico...», cit., p. 810; MARTÍNEZ-BUJÁN PÉREZ, *Derecho penal económico*, cit., p.120; SOUTO GARCÍA, *Los delitos*..., cit., p. 400; en contra NIETO GARCÍA y VIVES ANTÓN / GONZÁLEZ CUSSAC, que la consideran, respectivamente, una condición objetiva de punibilidad y de procedibilidad o perseguibilidad. Vid. NIETO MARTÍN, «Las insolvencias...», cit., pp. 768 y 769; VIVES ANTÓN / GONZÁLEZ CUSSAC, *Los delitos*..., cit., p. 123.

160.   Vid. SSTS de 1 septiembre de 2007 y de 7 de junio de 2019.

161.   GALLEGO SOLER, «Frustración...», cit., p. 908, con cita de la STS de 3 de mayo de 2001.

tración de Justicia o una estafa procesal, e incluso podría ser causa de nulidad de la sentencia de conformidad».

Los supuestos en que el sujeto se coloca en situación de insolvencia ignorando la posibilidad de que, a resultas de su intervención en el delito anterior, pueda llegar a ser declarado responsable civil (por ejemplo, su desconocimiento de que el contrato no cubría la responsabilidad civil *ex delicto*) deben sujetarse a las reglas del error sobre un elemento del tipo de injusto incluidas en el art. 14.2 CP[162], que conducirán a la atipicidad de la conducta. El tipo requiere que la conducta se lleve a cabo con la finalidad de eludir el pago de responsabilidades civiles derivadas del hecho delictivo precedente. Se trata de un elemento subjetivo del injusto que hace imposible el dolo eventual[163].

Un sector doctrinal[164] y la mayoría de la jurisprudencia han considerado que no es preciso esperar al resultado del enjuiciamiento del hecho del que dimana la responsabilidad civil para entender consumado el delito, sino únicamente a la provocación de la insolvencia con la realización de los actos de disposición, la contracción de obligaciones que disminuyen el patrimonio o la ocultación de elementos patrimoniales sobre los que podría hacerse efectiva la ejecución. La STS de 9 de abril de 2008, entre otras[165], recoge ese criterio, señalando que: «basta que el autor prevea que de la comisión de aquel «hecho delictivo» se originarán responsabilidades civiles, poniendo a buen recaudo su patrimonio, para que el delito se consume, con independencia de cuál sea cualquiera que sea el resultado final del proceso, incluso por prescripción de aquél». En ese mismo sentido, la SAP de Granada de 27 de abril de 2018 sostiene la tipicidad de la conducta de quien «incurso en un hecho delictivo de cualquier naturaleza, nada más ocurrir éste, y con objeto de eludir las responsabilidades civiles que pueden dimanar de su conducta en un futuro una vez se celebre el correspondiente proceso penal, trata de ponerse a cubierto, disminuyendo su patrimonio, y en particular, enajenando aquellos bienes más realizables, como son los caudales, acciones y los bienes inmuebles, para eludir el pago de una hipotética, pero ciertamente probable, responsabilidad civil «*ex delicto*». Con arreglo a este planteamiento, como en tanto no exista condena no se sabrá si el que lo cometió será el responsable del delito, el juez o tribunal que conozca del alzamiento no tendrá otro remedio que suspender el procedimiento hasta que esa cuestión no se resuelva como prejudicial.

---

162. MARTÍNEZ-BUJÁN PÉREZ *Derecho penal económico y de la empresa...*, cit., p. 121; GALLEGO SOLER, «Frustración...», cit., p. 908.
163. MARTÍNEZ-BUJÁN PÉREZ *Derecho penal económico y de la empresa...*, cit., p. 126; FARALDO CABANA, «Delitos de frustración...», cit., p. 788; de otra opinión, NIETO GARCÍA, «Las insolvencias punibles...», cit., margs. 768 y 769; VIVES ANTÓN / GONZÁLEZ CUSSAC, *Los delitos...*, cit., p. 124.
164. Vid. GONZÁLEZ CUSSAC, «Delitos...», cit., pp. 457 y 458; BENÍTEZ ORTÚZAR, «Frustración en la ejecución...», cit., p. 576, hablando expresamente de un delito de resultado cortado; GARCÍA RIVAS, «Insolvencias...», cit., p. 377; DE LA MATA BARRANCO, «Delitos de...», cit., p. 300; PÉREZ MARTÍNEZ, *La frustración...*, cit., pp. 290; GALÁN MUÑOZ, «Los delitos...», cit., p. 119; VIVES ANTÓN / GONZÁLEZ CUSSAC, *Los delitos...*, cit., pp. 122 y 123; BAJO FERNÁNDEZ / BACIGALUPO SAGGESE, *Derecho penal económico*, cit., p. 395; BENÍTEZ ORTÚZAR, «Frustración...», cit., p. 576.
165. Véanse también STS de 3 de mayo de 2001, SAP Madrid de 25 de octubre de 2004.

Frente a esa lectura del delito hay que reafirmarse en la idea de que el delito sólo cobra vida tras la existencia de un pronunciamiento judicial del que se deriven responsabilidades civiles[166]. La conclusión contraria generaría no pocas disfunciones, ya que supondría reservarles el mismo tratamiento jurídico-penal a supuestos completamente heterogéneos: los derivados de una obligación distinta de la que se deriva de un delito, en los que el juez penal podría pronunciarse sobre la existencia de la obligación misma sin necesidad de esperar a la resolución civil —por no ser una cuestión prejudicial esencial para la calificación de la conducta típica—, y los casos de ocultación para eludir una responsabilidad civil *ex delicto*, en que la única con virtualidad jurídica para destruir la presunción de inocencia es la sentencia condenatoria previa (aunque el sujeto hubiera procedido a reconocer su responsabilidad civil derivada de un hecho delictivo en un acto jurídico)[167]. Cosa distinta es que *de lege ferenda* debiera admitirse el comienzo del proceso penal por alzamiento cuando ya se hubiese abierto juicio oral por el delito previo o, con más razón, cuando el juicio ya se hubiese celebrado, lo que permitiría la adopción de medidas cautelares para asegurar la integridad del patrimonio del deudor[168]. Debe darse la razón, por ello, a quienes entienden que la consumación sólo podría tener lugar en el momento en que se produce la declaración de responsabilidad civil del delito por sentencia firme[169], existiendo ya, por ello, una deuda exigible, una vez que el sujeto activo se ha colocado en situación de insolvencia.

La conducta de quien, anticipadamente, oculte sus bienes con la finalidad de no contar con patrimonio suficiente en el momento en que sea condenado a su abono se situará completamente extramuros del tipo[170]. No es posible la tentativa[171]: en el caso de que la ocultación se haya realizado cuando todavía no se había declarado ni llegue a declararse la responsabilidad civil nos hallaríamos ante un supuesto de delito putativo.

IV. TIPOS CUALIFICADOS DE ALZAMIENTO (ARTS. 257. 3 Y 4 CP)

En la reforma operada por la LO 1/2015, los tipos cualificados descritos en los apartados 3 y 4 del art. 257 sufrieron modificaciones de importancia: 1.º) en el apartado 3, procedente de la LO 5/2010, se introdujo un segundo párrafo destinado a acoger una

---

166. Hay que reconocer, con todo, que la cuestión dista de ser pacífica. Una parte de la doctrina, de hecho, considera incluso la opción de que la conducta pueda llevarse a cabo incluso antes de que se haya realizado el hecho delictivo cuya responsabilidad civil se pretende frustrar: vid. SÁNCHEZ DAFAUCE, M., «Frustración en la ejecución», en QUINTERO OLIVARES, G. (dir.), *Comentario a la reforma penal de 2015*, Aranzadi, Pamplona, 2015, p. 493.

167. Desarrollan estos argumentos MARTÍNEZ-BUJÁN PÉREZ, *Derecho penal económico*, cit., pp. 123 y 134; GALLEGO SOLER, «Frustración...», cit., p. 908.

168. VIVES ANTÓN / GONZÁLEZ CUSSAC, *Los delitos...*, cit., p. 123.

169. FARALDO CABANA, «Delitos de frustración...», cit., p. 788; MARTÍNEZ-BUJÁN PÉREZ *Derecho penal económico y de la empresa...*, cit., pp. 126 y 127; GALLEGO SOLER, «Frustración...», cit., p. 908; SAP Valencia de 7 de febrero de 2001.

170. SOUTO GARCÍA, «La tutela penal...», cit., p. 152.La STS de 9 de junio de 1999 aplicó el tipo específico en un caso en que ya había recaído condena. Si se asume, como aquí se hace, que el tipo se asienta sobre una responsabilidad declarada en sentencia, esperar a esta será, no una cuestión de perseguibilidad (vid. sin embargo,) sino, pura y llanamente, de legalidad penal.

171. MARTÍNEZ-BUJÁN PÉREZ, *Derecho penal económico*, cit., p. 127.

cualificación aplicable cuando «la deuda u obligación que se trate de eludir sea de Derecho público y la acreedora sea una persona jurídico-pública». Además, se añadió la expresión «o se trate de obligaciones pecuniarias derivadas de la comisión de un delito contra la Hacienda Pública o la Seguridad Social» (calificada por el Consejo Fiscal como innecesaria, por tratarse de una especie del género «deuda de derecho público con persona jurídico pública como acreedora»); 2.º) se reorganizaron los contenidos del tipo agravado del apartado 4, poniéndose en relación exclusivamente con los números 5.º y 6.º del apartado 1 del art. 250; y 3.º) los tipos cualificados alcanzaron también al alzamiento destinado a eludir las deudas derivadas de la responsabilidad civil *ex delicto*, una vez que el precepto contenido en el antiguo art. 258 fue trasladado al apartado 2 del art. 257.

A la hora de comentar la cualificación del apartado 3, que hace del delito uno grave y atribuye la competencia de la fase de plenario a las Audiencias Provinciales o, en su caso, a la Audiencia Nacional, lo primero que debe destacarse es que pretende dar cobertura a toda clase de deudas u obligaciones, independientemente de su naturaleza u origen y de que sean públicas o privadas. La doctrina ha destacado también su relevancia a efectos de incrementar el plazo de prescripción del delito[172] y apuntado los problemas que suscita la determinación de lo que debe entenderse por «obligaciones pecuniarias derivadas de la comisión de un delito contra la Hacienda Pública o la Seguridad Social»: a) la cuantía de la defraudación cometida en la fase en que se materializaría el alzamiento, la de recaudación (el delito fiscal aparecerá en la de liquidación)[173]; b) las obligaciones pecuniarias referidas al abono de los intereses derivados de la deuda tributaria; o c) la multa impuesta por la previa realización de un delito de esa naturaleza[174]. SÁNCHEZ DAFAUCE, GÓMEZ LANZ y GALLEGO SOLER son partidarios de excluir el impago de multas derivadas de la comisión del delito, ya no sólo por la existencia del sistema de responsabilidad personal subsidiaria, sino también porque la pena de multa no representa una carga pecuniaria de carácter resarcitorio que busque la reparación del daño causado por el delito, ni es parte integrante de la obligación tributaria principal (arts. 19 a 22 LGT) o de las accesorias (arts. 25 a 28 LGT), no pudiendo compensarse con otro crédito que pudiera tener el contribuyente a su favor[175]. A mi modo de ver, si el presupuesto de esta modalidad agravada fuese la elusión del pago de la deuda tributaria en sí misma, su aplicación conculcaría el principio *ne bis in idem*[176]. La solución más adecuada parece, por ello, la de restringir su

---

172. DE LA MATA BARRANCO, N., «Delitos de frustración...», cit., p. 301; ROCA DE AGAPITO, L., «Alzamiento de bienes. Rúbrica del Capítulo VII del Título XIII del Libro II», en ÁLVAREZ GARCÍA, F. J., (dir.), *Estudio crítico sobre el anteproyecto de reforma penal de 2012*, Tomo II, Tirant lo Blanch, Valencia, 2013, p. 739; PÉREZ MARTÍNEZ, *La frustración...*, cit., p. 300.

173. SOUTO GARCÍA, «La tutela penal...», cit., p. 150.

174. Esta es la opción de MARTÍNEZ-BUJÁN PÉREZ, *Derecho penal económico*, cit., p. 128; ROCA DE AGAPITO, «Alzamiento...», cit., p. 739; BENÍTEZ ORTÚZAR, «Frustración...», cit., p. 578, que suscita, a la vez, la cuestión de si no estamos ante una consecuencia absolutamente desproporcionada.

175. SÁNCHEZ DAFAUCE, «Frustración...», cit., p. 494; GALLEGO SOLER, «Frustración...», cit., p. 903; GÓMEZ LANZ, «El nuevo régimen...», cit., p. 481 y nota 14.

176. BENÍTEZ ORTÚZAR, «Frustración...», cit., p. 578.

aplicación a los supuestos de elusión de obligaciones pecuniarias referidas al abono de los intereses derivados de la deuda tributaria.

De otro lado, la reforma de 2015 supuso la desaparición en el apartado 4 de las agravaciones de los números 1.º y 4.º del art. 250.1 [177]. La de la primera fue bien acogida, con carácter general, en la medida en que pivotaba sobre objetos de difícil realización (bienes de primera necesidad, viviendas u otros bienes de reconocida utilidad social), cuya ocultación no es lo más adecuado para lograr frustrar el derecho de los acreedores. En cambio, la eliminación de la circunstancia del número 4.º (que el hecho «revista especial gravedad, atendiendo a la entidad del perjuicio y a la situación económica en que deje a la víctima o a su familia») es resultado, según SÁNCHEZ DAFAUCE, de un error durante la tramitación parlamentaria y supuso un retroceso difícil de entender (la LO 1/2015 introdujo en relación con el delito concursal una agravación similar) [178]. A efectos de traerla en aplicación, la SAP Palencia de 19 de febrero de 2018 exigió que la «sociedad acreedora» —a la que identifica con la víctima— haya quedado «en una situación económica difícil o insegura como consecuencia del impago».

El «valor superior a 50.000 euros» (agravación del número 5.º del art. 250.1) no remite, naturalmente, al valor de mercado de los bienes ocultados [179]. Fuera de ello, no está claro si se refiere: a) al montante total de la deuda; o —como parece más correcto b) al perjuicio total causado como consecuencia del alzamiento [180]. En punto a esta agravación se aprecian, además, severas disfunciones penológicas en la comparación con las agravaciones del delito concursal, que apelan al perjuicio causado (superior a 600.000 euros) o a la afectación a una generalidad de personas. Fijar la cuantía del daño en 50.000 € aporta seguridad jurídica, pero obligará a modificar el Código Penal cuando quede por debajo de lo que socialmente pueda estimarse una «defraudación grave» [181].

La agravante 6.ª del art. 250.1 (abuso de las relaciones personales existentes entre víctima y defraudador o aprovechamiento por este de su credibilidad empresarial o profesional) parece perder su sentido en el ámbito del alzamiento [182]. Su ámbito de aplicación debería circunscribirse a los casos en que el sujeto se sirvió de dichas rela-

---

177. Para un sector doctrinal la extensión al alzamiento de los tipos agravados de estafa pierde su razón de ser desde el momento en que aquella recae sobre bienes ajenos, en tanto que el alzamiento se proyecta sobre el propio patrimonio: vid. ROCA DE AGAPITO, «Alzamiento...», cit., p. 739.

178. SÁNCHEZ DAFAUCE, «Frustración...», cit., pp. 494 y 495.

179. QUINTERO OLIVARES, G., «Frustración de la ejecución», en QUINTERO OLIVARES, G., *Comentarios al Código penal*, Tomo II, 7.ª ed., Aranzadi, Cizur Menor, 2016, p. 148.

180. PÉREZ MARTÍNEZ, *La frustración...*, cit., p. 301, trayendo en su apoyo la STS de 23 de enero de 2020, a cuyo tenor «si alguien, oculta 2.000 euros de su patrimonio... para eludir su embargo con motivo de una deuda por importe de 100.000 euros, lo defraudado a efectos de la aplicación de ese novedoso subtipo agravado del delito de alzamiento no será el total de la deuda, sino el total de lo ocultado, de los bienes alzados».

181. GARCÍA RIVAS, «Insolvencias...», cit., p. 367.

182. QUINTERO OLIVARES, indicando que nada hace pensar que el nacimiento de la obligación sea consecuencia de vínculos personales usados por el deudor en su provecho.

ciones personales o de su credibilidad empresarial para llevar a cabo los actos de disposición patrimonial fraudulentos[183].

En la doctrina se ha puesto en duda la posibilidad de extender estas circunstancias al ámbito del alzamiento, habida cuenta de que, mientras la estafa se proyecta sobre bienes ajenos, aquel lo hace sobre bienes propios[184].

V.   OCULTACIÓN DE BIENES EN PROCEDIMIENTO JUDICIAL O ADMINISTRATIVO DE EJECUCIÓN (ART. 258 CP)

El art. 589. 1 LEC dispone que «salvo que el ejecutante señale bienes cuyo embargo estime suficiente para el fin de la ejecución, el Secretario judicial requerirá, mediante diligencia de ordenación, de oficio al ejecutado para que manifieste relacionadamente bienes y derechos suficientes para cubrir la cuantía de la ejecución, con expresión, en su caso, de cargas y gravámenes, así como, en el caso de inmuebles, si están ocupados, por qué personas y con qué título». Ese requerimiento, prosigue el art. 589.2, «se hará con apercibimiento de las sanciones que pueden imponérsele, cuando menos por desobediencia grave en caso de que no presente la relación de sus bienes, incluya en ellos bienes que no sean suyos, excluya bienes propios susceptibles de embargo o no desvele las cargas y gravámenes que sobre ellos pesaren»[185]. Tras la entrada en vigor de la LO 1/2015, de 30 de marzo, la remisión a las normas reguladoras de dicha desobediencia debe entenderse hecha al propio art. 258.1, que incrimina un supuesto especial de desobediencia en el marco del procedimiento de ejecución judicial o administrativo.

El ordenamiento jurídico (la LEC en concreto) establece, pues, un deber específico de colaboración consistente en la presentación de una relación de bienes para garantizar el derecho del acreedor a ver satisfecho su crédito. Es ese deber orientado a posibilitar la satisfacción de una ejecución concreta lo que ayudará a configurar el objeto de tutela del delito del art. 258, que no se dirige, en absoluto, a lograr el conocimiento del patrimonio íntegro del ejecutado. Llama la atención, sin embargo, que, con carácter general, dicho deber brille por su ausencia en el procedimiento ejecutivo administrativo[186], en el que las obligaciones del deudor embargado no van más allá de uno genérico de colaboración con la Administración[187] (para algunos procedimientos sí se contempla el deber de proporcionar información sobre los bienes por parte de quienes están obligados a realizar el pago, por ejemplo, en el art. 89 del RD 1415/2004, de 11 de junio, por el que se aprueba el Reglamento General de Recaudación de la Seguridad Social). Las dudas sobre la justificación político-criminal de la intervención penal en estos casos quedaron plasmadas en la enmienda del Senado 222 presentada por el Grupo Parla-

---

183.   GALÁN MUÑOZ, «Los delitos...», cit. pp. 120 y 121.

184.   Vid. ROCA DE AGAPITO, «Alzamiento...», cit., p. 739.

185.   A favor de la supresión de esa alusión a la desobediencia grave se pronunció en su momento el CGPJ: vid. CGPJ, *Informe al Anteproyecto de Ley Orgánica por la que se modifica la Ley Orgánica 10/1995, de 23 de noviembre, del Código Penal*, Madrid, 2013, p. 231.

186.   SOUTO GARCÍA, «La tutela penal...», cit., p. 154; BENÍTEZ ORTÚZAR, «Frustración...», cit., p. 580; ROCA DE AGAPITO, «Alzamiento...», cit., p. 741.

187.   GONZÁLEZ CUSSAC, «Delitos...», cit., p. 501.

mentario Entesa pel Progrés de Catalunya, que proponía la supresión de la referencia a los procedimientos ejecutivos administrativos[188].

De la interpretación literal del precepto se infiere que la ocultación debe realizarse en un procedimiento de ejecución judicial o administrativo y que la situación de insolvencia se sitúa extramuros tanto del tipo objetivo, como del subjetivo[189]. Ese rasgo deja traslucir las verdaderas razones para la creación del delito (de orden político criminal), que guardan relación con la necesidad de cubrir posibles áreas de impunidad en los casos en que, al no declararse la totalidad de los bienes en los procedimientos civiles de embargo o, sencillamente, no comparecer, el acusado imposibilita que se haga efectiva la sentencia de condena[190]. Es cierto que para hacer frente a esos comportamientos el Derecho penal español ya contaba con el delito de desobediencia, teniendo en cuenta lo indicado por el precitado art. 589. 2 LEC para los casos en que no se presente relación de bienes. Conviene recordar, sin embargo, que a tenor de la LEC es al secretario judicial al que compete requerir al acusado para que manifieste bienes y que la única que podría efectuar el apercibimiento y/o deducir testimonio es la autoridad judicial, así que, de no existir el actual art. 258 CP, la designación parcial de bienes siempre sería impune.

Las modalidades que puede revestir la conducta típica están también previstas en el Derecho comparado, con modelos de tipificación que permiten residenciar el bien jurídico ya no en el derecho de crédito del deudor, sino en la Administración de Justicia[191]. Es el caso del CP austríaco, cuyo parágrafo 292 a castiga a quien, ante un tribunal u órgano ejecutivo, firma un listado patrimonial incompleto o mendaz, poniendo en peligro con ello la satisfacción del acreedor. La redacción del parágrafo 156 del Código penal alemán es muy similar.

En el caso del Código penal español, tal y como acaba de apuntarse, la razón de la intervención penal en esta materia no se agota en el interés patrimonial individual del titular del derecho de crédito, sino que se fundamenta y se orienta hacia la salvaguarda de la eficacia de los procedimientos de ejecución[192]. De esta manera, la protección del patrimonio del deudor se presenta, más bien, como *ratio legis* o fin de protección de la norma, cuya afectación permite delimitar el ámbito de aplicación del tipo, pero no debe constatarse en el caso concreto[193]. Para otro sector doctrinal, sin embargo, el delito es

---

188.   SOUTO GARCÍA, «La tutela...», cit., p. 154.
189.   Vid. BENÍTEZ ORTÚZAR, «Frustración...», cit., pp. 581 y 582. Identifican en su provocación el momento consumativo del delito, en cambio, SOUTO GARCÍA, «La tutela penal...», cit., p. 155; ESQUINAS VALVERDE, «La nueva regulación...», cit., p. 59; SAP Madrid de 5 de diciembre de 2019.
190.   GALLEGO SOLER, «Frustración...», cit., p. 908.
191.   FISCALÍA GENERAL DEL ESTADO, *Informe del Consejo Fiscal al Anteproyecto de Ley Orgánica por la que se modifica la Ley Orgánica 10/1995, de 24 de noviembre, del Código penal*, Madrid, 2012, pp. 243 y 244.
192.   Vid. SÁNCHEZ DAFAUCE, «Frustración...», cit., pp. 495 y 496. Para GUTIÉRREZ PÉREZ «nos hallamos ante un delito contra la Administración de Justicia o, en cualquier caso, ante un supuesto especial de falsedad documental en el que se falta a la verdad en la narración de los hechos». Vid. GUTIÉRREZ PÉREZ, *Alzamiento...*, cit., p. 188 y nota 637.
193.   SÁNCHEZ DAFAUCE, «Frustración...», cit., pp. 495 y 496.

pluriofensivo o tiene un bien jurídico de naturaleza mixta, puesto que se protege el patrimonio de forma directa e inmediata y el interés supraindividual a la eficacia en los procesos de ejecución como interés mediato [194].

1. TIPO OBJETIVO

Si bien en los procedimientos de ejecución judicial o administrativo pueden intervenir otros sujetos distintos, el sujeto activo del art. 258 CP solo puede serlo el deudor (principal o subsidiario) [195]. Fiadores y avalistas podrían considerarse autores únicamente en el caso en que sean llamados a intervenir como deudores [196]. Como explica FARALDO CABANA, fuera del ámbito de la autoría deben situarse asimismo los sujetos aludidos por los arts. 538.2.3.º (quien sin figurar como deudor en el título ejecutivo «resulte ser propietario de los bienes especialmente afectos al pago de la deuda en cuya virtud se procede, siempre que tal afección derive de la ley o se acredite mediante documentos fehacientes») y 538.3 LEC (las personas «frente a las que no se haya despachado ejecución, pero a cuyos bienes haya dispuesto el tribunal que esta se extienda por entender que, pese a no pertenecer dichos bienes al ejecutado, están afectos los mismos al cumplimiento de la obligación por la que se procede») [197].

La conducta típica se concreta en la presentación de una relación de bienes o patrimonio incompleta o mendaz, lo que ha llevado al CGPJ a calificarla como «supuesto especial de falsedad ideológica especial, consistente en la falta de veracidad de la relación del patrimonio presentada ante la autoridad o funcionario competente» [198], impune, por lo demás, en sede de falsedades documentales (por ser un particular el que la lleva a cabo). En el trasfondo de esta modalidad se hallarían los casos en que se realiza una transmisión simulada de los bienes, ocultándose su situación real: la permanencia en poder del deudor [199]. La relación de bienes podría ser confeccionada por el propio deudor o por un tercero, si bien sólo adquirirá relevancia jurídico-penal desde el momento en que sea presentada en el procedimiento de ejecución.

El carácter incompleto de la relación se derivará de los hechos descritos en el párrafo segundo del apartado 1 y que operarán a modo de presunción *iuris tantum*: que el deudor «utilice o disfrute de bienes de titularidad de terceros y no aporte justificación suficiente del derecho que ampara dicho disfrute y de las condicione a que está sujeto». Cuestión controvertida es si dicho precepto alude a la falta de acreditación «del derecho personal o real, que justifica el uso de un bien ajeno» o, más bien, a «la presunta titularidad ficticia de un bien que formalmente figura a nombre de un tercero, pero, de hecho, pertenece al deudor» [200]. Para unos lo que se tipifica es una modalidad de alzamiento

---

194. FARALDO CABANA, «Delitos de frustración...», cit., p. 793.
195. MARTÍNEZ-BUJÁN PÉREZ, *Derecho penal económico*, cit., p. 132.
196. SOUTO GARCÍA, «La tutela...», cit., p. 155.
197. FARALDO CABANA, «Delitos de frustración...», cit., p. 795.
198. Vid. CGPJ, Informe..., cit., p. 206; GONZÁLEZ CUSSAC, «Delitos...», cit., p. 460.
199. Vid. SOUTO GARCÍA, «La tutela...», cit., p. 154; ROCA DE AGAPITO, «Alzamiento...», cit., p. 741.
200. CGPJ, *Informe...*, cit., p. 206.

de bienes, en la que el deudor, recurriendo a los mecanismos allí mencionados, continúa ejercitando facultades que no son compatibles con el dominio, pero evita que el bien figure formalmente como suyo[201]. Así entendido, este tipo funcionaría a modo de uno privilegiado de alzamiento, transmitiendo a los administrados un mensaje quizá equívoco. Otra interpretación considera, sin embargo, que dicha referencia típica lo es a una falta de colaboración con la autoridad judicial o administrativa encargada del procedimiento, de modo que si con esa facilitación de información incompleta se provocase el alzamiento debería venir en aplicación el art. 257.1.1.°, que absorbería las conductas posteriores[202].

Se ha apuntado la necesidad de dotar de mayor precisión a la descripción típica, para evitar condenas por hechos no acreditados más allá de toda duda, es decir, con vulneración del derecho a la presunción de inocencia. Otra de las críticas que debe dirigirse a este precepto es la referida a la quiebra del principio de proporcionalidad[203], careciendo de sentido que se imponga la misma sanción por actuaciones dirigidas a la mera dilatación del procedimiento de ejecución que a las que terminan por impedirlo completamente[204]. Además, el que le corresponda al deudor acreditar el derecho que ampara el disfrute de bienes titularidad de terceros y las condiciones a que viene sometido podría generar dudas en cuanto a la vulneración del principio acusatorio y la inversión de la carga de la prueba[205]. En cualquier caso, las acusaciones tendrán que demostrar más allá de cualquier duda razonable, esa utilización o disfrute por parte del deudor de bienes que no ha indicado como propios.

Aunque de la redacción legal del apartado primero del art. 258 parece desprenderse la necesidad de una forma activa de comportamiento («presentar» es una conducta claramente activa), el segundo describe una modalidad omisiva[206], tipificando la infracción —por parte del deudor— del deber de facilitar la relación de bienes o patrimonio tras haber sido requerido para ello. Frente a quienes defienden su naturaleza de comisión por omisión, considero preferible calificarlo como delito de acción con equivalencia expresamente tipificada, en que el resultado de obstaculización o frustración del procedimiento de ejecución debe imputarse objetivamente a la acción u omisión del deudor, sin necesidad de acreditar que este tiene, *ab initio* y de forma genérica, una posición de garante respecto del buena marcha de dicho procedimiento. En cualquier caso, la obligación de contestar el requerimiento ha de notificársele personalmente (y no a su repre-

---

201. ROCA DE AGAPITO, «Alzamiento...», cit., p. 725; FARALDO CABANA, «Delitos de frustración...», cit., pp. 794 y 795.
202. BENÍTEZ ORTÚZAR, «Frustración...», cit., p. 582.
203. BENÍTEZ ORTÚZAR, «Frustración...», cit., p. 580.
204. ROCA DE AGAPITO, «Alzamiento...», cit., p. 741; BENÍTEZ ORTÚZAR, «Frustración...», cit., p. 580.
205. ROCA DE AGAPITO, «Alzamiento...», cit., p. 741; BENÍTEZ ORTÚZAR, «Frustración...», cit., p. 580; ROIG TORRES, «La «frustración...», cit., p. 42; GÓMEZ LANZ, «El nuevo régimen...», cit., p. 482; VÁZQUEZ IRUZUBIETA, *Código...*, cit., p. 458.
206. GONZÁLEZ CUSSAC, «Delitos...», cit., p. 460; MARTÍNEZ-BUJÁN PÉREZ, *Derecho penal económico*, cit., p. 131.

sentante procesal), siendo preferible que en el propio requerimiento se haga advertencia de la posible comisión de este delito para evitar que se incurra en error de prohibición[207].

Nos encontramos ante un delito de resultado cuya consumación requiere la producción de dos de diversa naturaleza: uno de carácter procedimental —consistente en el incorrecto funcionamiento del procedimiento— y otro de orden patrimonial —consistente en el perjuicio sufrido por el acreedor que ve obstaculizado o frustrado el cobro de su deuda—[208]. En cuanto al primero, y a diferencia de lo que sucede con el (mucho más grave) delito del art. 257.1.2.º, referido al alzamiento para eludir la eficacia de un procedimiento ejecutivo, la conducta típica del art. 258 exige para su consumación que se dilate, dificulte o impida la satisfacción del acreedor. La doctrina no ha dejado de señalar esta paradoja, además de lo que supone en términos de atentado contra el principio de *ultima ratio*[209].

Cuestión importante es la de la idoneidad de la declaración para producir el resultado en la modalidad activa de contestar al requerimiento aportando relación incompleta o mendaz (el silencio del ejecutado siempre dilatará la ejecución, al abocar a una investigación judicial de su patrimonio, *ex* art. 590 LEC). Comparto el criterio de quienes entienden que no satisfarán ese requisito las incompletas en que el listado de bienes sea suficiente para cubrir la ejecución y cuya presentación ni dilate el procedimiento, ni impida o dificulte la satisfacción del acreedor[210]. En cambio, las que sean totalmente mendaces (porque ninguno de los bienes indicados sea del ejecutado o este haya mentido indicando que carece de cualquier bien ejecutable) ya cubren por sí mismas las exigencias típicas[211]. La fórmula acogida por el precepto también permite considerar típica la presentación de bienes o patrimonio insuficientes para cubrir las pretensiones del acreedor por los deudores que ya sean insolventes con anterioridad a que se inicie el proceso de ejecución[212].

2.   TIPO SUBJETIVO

Estamos ante un delito doloso, debiendo abarcar el dolo del sujeto activo todos los elementos típicos a que he hecho referencia en el epígrafe anterior. El error vencible o

---

207.   GALLEGO SOLER, «Capítulo VII. Frustración...», cit., p. 911.
208.   GONZÁLEZ CUSSAC, «Delitos...», cit., p. 501; SOUTO GARCÍA, «La tutela penal...», cit. p. 155, si bien exigiendo, además, como resultado intermedio, «la provocación de la insolvencia». Se centran únicamente en el resultado de la obstaculización, demora o fracaso del procedimiento MARTÍNEZ-BUJÁN PÉREZ, *Derecho penal económico*, cit., p. 132; FARALDO CABANA, «Delitos de frustración...», p. 796; BENÍTEZ ORTÚZAR, «Frustración...», cit., p. 581.
209.   SÁNCHEZ DAFAUCE, «Frustración...», cit., p. 496.
210.   BENÍTEZ ORTÚZAR, «Frustración...», cit., p. 581; GALLEGO SOLER, «Capítulo VII. Frustración...», cit., p. 911.
211.   GALLEGO SOLER, «Capítulo VII. Frustración...», cit., p. 911.
212.   De otra opinión BENÍTEZ ORTÚZAR, «Frustración...», cit., p. 582; SOUTO GARCÍA, para quien la conducta podrá encontrar cobertura entre los tipos de los arts. 257.1.1.º, si el deudor se insolventa dolosamente justamente antes del inicio del procedimiento ejecutivo judicial o administrativo, ó 257.1.2.º, si conlleva un alzamiento de bienes en perjuicio de los acreedores.

invencible sobre cualquiera de ellos conducirá a la impunidad de la conducta, dada la falta de incriminación expresa del delito imprudente. Cabe el dolo eventual.

3.   AUTORÍA Y PARTICIPACIÓN

El delito responde a las reglas de los delitos especiales propios, pudiendo ser autores únicamente quienes, teniendo la cualidad de deudores, sean requeridos en un procedimiento de ejecución judicial o administrativo para la presentación de bienes o patrimonio suficiente para cubrir la cuantía de la ejecución. Los que sin ostentar tal condición elaboren la relación mendaz o incompleta podrán responder como cooperadores necesarios o cómplices.

4.   CONCURSOS

4.1.   Con el delito de alzamiento del art. 257.1.2.º CP

Con el delito de alzamiento del art. 257.1.2.º CP, en el caso de que la forma de realizar la ocultación sea realizar una declaración de bienes o patrimonio mendaz o incompleta en que el deudor simula ser insolvente, dilatando, dificultando o impidiendo la eficacia del procedimiento ejecutivo, habrá un concurso aparente de leyes penales, a resolver por consunción a favor de aquel[213]. Para MARTÍNEZ-BUJÁN PÉREZ, en cambio, la estructura de ambos hace imposible la concurrencia: el art. 257.1.2.º «presupone ya la efectiva obstaculización del procedimiento de ejecución, y, situados en esa hipótesis, no se pueden cumplir entonces los requisitos del art. 258, que exige que la obstaculización sea precisamente la consecuencia de la presentación de la relación mendaz de los bienes»[214].

4.2.   Con el delito de desobediencia del art. 556 CP

La tipificación de la modalidad omisiva del apartado 2 excluye la posibilidad de que la conducta típica del art. 258 pueda dar vida al delito de desobediencia del art. 556[215]. Más interesante resulta la relación entre ambas figuras cuando la presentación de la declaración se produce en el procedimiento de ejecución ya iniciado tras haberse insolventado el deudor, en cuyo caso, teniendo en cuenta la configuración del delito del art. 258, debería aplicarse exclusivamente el del 257.1.2.º, que absorbe el desvalor de la falsedad ideológica posterior.

---

213.   SOUTO GARCÍA, «La tutela penal...», cit., p. 155; BENÍTEZ ORTÚZAR, «Frustración...», cit., p. 582.
214.   MARTÍNEZ-BUJÁN PÉREZ, *Derecho penal económico*, cit., p. 133.
215.   SOUTO GARCÍA acepta la existencia de un concurso de leyes a resolver en favor de la ocultación de bienes en virtud del principio de especialidad: vid. SOUTO GARCÍA, «La tutela penal...», cit., p. 155.

4.3.   Con el delito de estafa

Cabe el concurso con la estafa del art. 250.1.7, que se resolverá por especialidad o consunción en favor de la presentación de la relación mendaz[216]. No, en cambio, con el delito del art. 396, que alude al uso de documentos privados que sean resultado de una falsedad material, no ideológica.

5.   APLICACIÓN DE LA CAUSA DE LEVANTAMIENTO DE LA PENA DEL ART. 258. 3 CP

El apartado 3 del art. 258 incluye una excusa absolutoria, es decir, que afecta a la punibilidad, eliminándola, pero deja subsistentes la tipicidad, la antijuridicidad y la culpabilidad. Se nutre de un comportamiento post-delictivo y totalmente voluntario dirigido a la colaboración con las autoridades (la comparecencia ante la autoridad o funcionario, antes de que hubieran descubierto el carácter mendaz o incompleto de la declaración de bienes, y la presentación ante ellos de otra veraz y completa), que el legislador tiene en cuenta positivamente en orden a la exclusión de la pena, actuando a modo de causa de levantamiento[217]. Esta es, posiblemente, la interpretación más razonable, considerando que desde el mismo momento en que se produce la presentación de la declaración falsa ya se opera un efecto de obstaculización del proceso —por estar adoptándose medidas sobre la base de datos no veraces— [218]. Por el contrario, quienes cifran el daño que opera la consumación del delito en la toma de conocimiento por el funcionario o autoridad de los actos que dan lugar a la realización del delito ven en lo dispuesto en el art. 258. 3, congruentemente, una modalidad específica de desistimiento voluntario[219]. Las razones que subyacen a esta exención de pena son, de cualquier modo, de orden político criminal, siendo irrelevante la motivación que pueda guiar al sujeto al tiempo de realizar la comparecencia y presentación.

Para la aplicación del precepto es imprescindible que la «nueva» presentación sea voluntaria, tal y como acredita el uso de la fórmula «antes de que la autoridad o funcionario hubieran descubierto». A tal efecto es indiferente que dicho descubrimiento se derive de actos de comprobación o inspección realizados por la Administración, de actos de investigación realizados por la policía judicial o el Ministerio Fiscal o de la incoación de un proceso penal por denuncia o querella. De no haberse producido el resultado de la obstaculización del procedimiento de ejecución, podrá hacerse valer la figura del desistimiento. Sin duda el aspecto más controvertido de esta disposición es el relativo a la no previsión de un límite temporal para la rectificación.

Las falsedades instrumentales realizadas en conexión con la presentación de la declaración siguen siendo punibles[220].

---

216.   FARALDO CABANA, «Delitos de frustración...», p. 797.
217.   FARALDO CABANA, «Delitos de frustración...», cit., p. 798.
218.   SOUTO GARCÍA, «La tutela penal...», cit., p. 156.
219.   Vid. ESQUINAS VALVERDE, «La nueva regulación...», cit., p. 60; BENÍTEZ ORTÚZAR, «Frustración...», cit., p. 583.
220.   FARALDO CABANA, «Delitos de frustración...», cit., p. 798.

VI. USO NO AUTORIZADO DE LOS BIENES EMBARGADOS (ART. 258 BIS CP)

Estamos ante un delito especial destinado a los deudores depositarios de los bienes embargados en el marco de un procedimiento administrativo o judicial de ejecución[221]. No advertirles de que llevar a cabo un uso no autorizado podría acarrear responsabilidades penales abre la puerta al error de prohibición[222].

Dos son los problemas interpretativos que suscita esta figura. El primero se plantea con relación al dato de que, aunque el tipo no exige que la conducta tenga por consecuencia una obstaculización del procedimiento de ejecución, las penas con que viene sancionada no difieren de forma significativa de las previstas en el art. 258, que sí la contempla. Parece, por ello que la interpretación que debe hacerse, acogiendo una hermenéutica teleológica, es la de considerar atípicos los usos insignificantes, incapaces de afectar al derecho de crédito, circunscribiéndola así a los casos en que se materializa en un acto que consume o reduce significativamente el valor de los bienes[223]. Para ser delictivos, los actos de utilización o aprovechamiento ilícitos deben, además, realizarse sin autorización legal o judicial (en este punto la normativa que sirve de complemento al tipo debe buscarse en los arts. 127 octies CP; 6.3 Ley 12/1995, de Represión del Contrabando; 626 y siguientes LEC; 108 y 109 del Real Decreto 1415/2004, de 11 de junio, por el que se aprueba el Reglamento General de Recaudación de la Seguridad Social; y 95.1.2.º inciso Real Decreto 939/2005, de 29 de julio, por el que se aprueba el Reglamento General de Recaudación).

Mayor discusión ha generado su delimitación con el delito de malversación del art. 432 bis en relación con el 435.3.º, sobre todo teniendo en cuenta que la descripción típica del art. 258 bis incorpora una cláusula de subsidiariedad (y no una cláusula concursal), en virtud de la cual se castiga a quienes realicen la conducta típica «salvo que ya estuvieran castigados con una pena más grave en otro precepto de este Código». Para ROCA DE AGAPITO la diferencia con la malversación impropia del art. 435.3.º se cifraba en que el autor del uso no autorizado de bienes embargados nunca podía ser su administrador o depositario[224]. Trayendo en su apoyo lo indicado por la propia Exposición de Motivos de la LO 1/2015 (que lo describe como «la utilización no autorizada

---

221. MARTÍNEZ-BUJÁN PÉREZ, *Derecho penal económico*, cit., p. 134. En cambio, para GONZÁLEZ CUSSAC y SOUTO GARCÍA el tipo no debe restringirse a los deudores depositarios (sí a los deudores): vid. GONZÁLEZ CUSSAC, «Delitos...», cit., p. 460; SOUTO GARCÍA, «La tutela penal...», cit., p.156. FARALDO CABANA identifica el sujeto activo con cualquier persona que sea conocedora de la situación de los bienes y sea consciente de que no cuenta con autorización para su uso: vid. FARALDO CABANA, «Delitos de frustración...», cit., p. 801, incluyendo en el círculo de autores, entre otros, al cónyuge del ejecutado depositario, a quienes sean nombrados depositarios al amparo de los arts. 626 y siguientes de la LEC (incluyendo a los depositarios interinos aludidos por el art. 627.2). ROCA DE AGAPITO excluye del ámbito de la autoría al deudor depositario de los bienes embargados: vid. ROCA DE AGAPITO, «Alzamiento...», cit., pp. 742 y 743.
222. FARALDO CABANA, «Delitos de frustración...», cit., p. 802.
223. FARALDO CABANA, «Delitos de frustración...», cit., p. 800.
224. SOUTO GARCÍA, «La tutela penal...», cit., p.156; ROCA DE AGAPITO, «Alzamiento...», cit., pp. 742 y 743.

por el depositario de bienes embargados por la autoridad»), MARTÍNEZ-BUJÁN PÉREZ, GALLEGO SOLER y BENÍTEZ ORTÚZAR, por su parte, le reservaban al art. 258 bis un campo aplicativo autónomo del de la malversación: el de las conductas de uso que no causaban ningún perjuicio patrimonial en el sentido del art. 252 (al que remitía el 432)[225]. Tras la entrada en vigor de la LO 14/2022 MARTÍNEZ-BUJÁN PÉREZ asume que todas y cada una de las conductas incardinables en aquel podrán calificarse al propio tiempo con arreglo al nuevo 432 bis, que incluye penas considerablemente superiores, deviniendo así un tipo penal completamente superfluo[226].

Por último, el artículo 258 bis podría concurrir con el artículo 236, en cuyo caso supuesto sería la norma especial, pudiendo acudirse, incluso, al principio de alternatividad para darle preferencia.

El art. 96.3 RGR indica que el depositario que incumpla las obligaciones que le incumben como tal podrá ser declarado responsable solidario de la deuda en los términos señalados en el art. 42.2 de la Ley 58/2003, de 17 de diciembre, General Tributaria.

VII.   LA RESPONSABILIDAD DE LAS PERSONAS JURÍDICAS (ART. 258 TER CP)

Con la reorganización de las insolvencias punibles en los capítulos VII y VII bis, la responsabilidad penal de las personas jurídicas introducida por el art. 261 bis (LO 5/2010) había quedado circunscrita a las insolvencias punibles de los arts. 259 y ss. La LO 1/2015 la reconoció en el art. 258 ter para los delitos actualmente ubicados en el Capítulo VII (alzamiento de bienes y otras figuras que obstaculizan o frustran la ejecución provocando la insatisfacción del derecho de crédito de los acreedores). Se prevé la imposición de pena de multa de dos a cinco años (si el delito cometido por la persona física tiene prevista una pena de prisión de más de dos años y menos de cinco años) y seis meses a dos años, en el resto de los casos. Con arreglo a ese esquema, la duración máxima se impondrá en el alzamiento y cuando la deuda que se busca eludir sea de Derecho público y la acreedora sea una persona jurídico-pública (art. 257.3). La mínima corresponderá a los casos contemplados en los arts. 258 y 258 bis. La opción por una pena pecuniaria es discutible, teniendo en cuenta las dificultades económicas en que estará sumida la persona jurídica y lo improbable de que llegue a cobrarse[227]. Si la condena a pena de multa es anterior a la declaración del concurso se le aplicará el régimen de los créditos subordinados (arts. 92.4.°, 158.1 y 158. 2 TRLC), y si es posterior el de los créditos contra la masa (arts. 84.2.10.° y 154 TRLC).

---

225.   MARTÍNEZ-BUJÁN PÉREZ, *Derecho penal económico*, cit., p. 134; GALLEGO SOLER, «Capítulo VII. Frustración...», cit., p. 912; BENÍTEZ ORTÚZAR, «Frustración...», cit., p. 585.
226.   MARTÍNEZ-BUJÁN PÉREZ, *Derecho penal económico*, cit., p. 135 y 136.
227.   FARALDO CABANA, «Delitos de frustración...», cit., p. 806; SOUTO GARCÍA, «La tutela...», cit., p. 158.

INSOLVENCIAS PUNIBLES

I. CONSIDERACIONES PREVIAS

Ya se ha indicado que con la reforma de 2015 el legislador organizó la materia correspondiente a las insolvencias punibles en dos capítulos distintos del Título XIII del Libro II: el VII, dedicado a la «Frustración de la ejecución», y el VII bis, que lleva por rúbrica «De las insolvencias punibles». La regulación contenida en el nuevo Capítulo VII bis (arts. 259 a 261 bis) obedece, a tenor de la Exposición de Motivos de la LO 1/2015, a una doble necesidad: «la de facilitar una respuesta penal adecuada a los supuestos de realización de actuaciones contrarias al deber de diligencia en la gestión de asuntos económicos que se producen en el contexto de una situación de crisis económica del sujeto o empresa y que ponen en peligro los intereses de los acreedores y el orden socioeconómico, o son directamente causales de la situación de concurso»; y «la de ofrecer suficiente certeza y seguridad en la determinación de las conductas punibles, es decir, aquellas contrarias al deber de diligencia en la gestión de los asuntos económicos que constituyen un riesgo no permitido». La técnica incriminatoria seleccionada ha merecido, no obstante, severas críticas, al traducirse en el recurso a cláusulas valorativas de no fácil concreción y que habrán de ser ponderadas por el juez y, sobre todo, en una notable expansión de la intervención penal en la actividad económica y empresarial (por ejemplo, en relación con la tipificación de una modalidad imprudente de insolvencia punible o del favorecimiento de acreedores realizado con anterioridad a la admisión a trámite del concurso)[1]. Además, aunque se han extrapolado conceptos básicos de la legislación concursal, como no podía ser de otra forma, se ha hecho propiciando la confusión y hasta una superposición de los mismos[2]; y es que, a diferencia del legislador concursal, el penal ha optado por separar los conceptos de insolvencia inminente o actual de la declaración de concurso, que para aquel son presupuestos de ella[3]. Al capítulo de las críticas pertenecen también la tipificación como delito de insolvencia de comportamientos falsarios relacionados con la contabilidad de los deudores y que ya daban vida a delitos de falsedad[4] y la equiparación de las penas previstas para los delitos concursales (cuya eliminación venía reclamada por un amplio sector doctrinal, por los problemas que suscitaba la delimitación de su ámbito de aplicación con respecto al del alzamiento de bienes[5]) y este último[6]. Esa asimilación viene a agravar los problemas interpretativos de la redacción anterior. En cambio, se ha valorado positivamente tanto la nueva redacción recibida por el art. 259. 2 —su configuración como un tipo agravado del art. 259.1 suponía la práctica absorción en el primero de los supuestos englobados en este último[7]—, como la inclusión en él de una referencia a la transgresión del deber de diligencia en la gestión de asuntos económicos.

En relación con la configuración de los tipos, algunas de las consecuencias de la reforma fueron las siguientes:

1.ª)   El favorecimiento de acreedores podrá calificarse de acuerdo con los apartados 1 ó 2 del art. 260 (anteriormente debía subsumirse en el art. 259).

---

1.   SOUTO GARCÍA, E. M., «Frustración de la ejecución e insolvencias punibles», en GONZÁLEZ CUSSAC, J. L. (dir.), *Comentarios a la reforma del Código penal de 2015*, 2.ª ed., Tirant lo Blanch, Valencia, 2015, p. 805; GÓMEZ LANZ, J., «Las insolvencias punibles en el Código penal», *La Ley*, n.º 9944 (2016), pp. 7 y 9; GALLEGO SOLER, J. I., «Capítulo VII bis. De las insolvencias punibles», en CORCOY BIDASOLO, M. / MIR PUIG, S., *Comentarios al Código penal. Reforma LO 1/2015 y LO 2/2015*, Tirant lo Blanch, Valencia, 2015, p. 914; GONZÁLEZ CUSSAC, J. L., «Delitos contra el patrimonio y el orden socioeconómico (VIII): frustración de la ejecución e insolvencias punibles», en GONZÁLEZ CUSSAC, J. L., *Derecho penal. Parte Especial*, 8.ª ed., Tirant lo Blanch, Valencia, 2023, p. 507; QUINTERO OLIVARES, G., «Artículo 259», en QUINTERO OLIVARES, G. (dir.), *Comentarios al Código penal español*, Tomo II, 7.ª ed., Aranzadi, Cizur Menor, 2016, p. 170; MARTÍNEZ-BUJÁN PÉREZ, C., *Derecho penal económico y de la empresa. Parte Especial*, 7.ª ed., Tirant lo Blanch, Valencia, 2023, p. 140; GUTIÉRREZ PÉREZ, E., *Alzamiento de bienes e insolvencias punibles. Bases para una teoría general*, Universidad de Alicante, Alicante, 2020, pp. 19 y 376; SÁNCHEZ DAFAUCE, M., *Estudio crítico sobre el delito concursal*, Tirant lo Blanch, Valencia, p.32.
2.   SOUTO GARCÍA, «Frustración...», cit., pp. 808 y 809.
3.   GONZÁLEZ CUSSAC, «Delitos...», cit., p. 504.
4.   Vid. SOUTO GARCÍA, «Frustración...», cit., p. 806; GALLEGO SOLER, «Capítulo VII bis..», cit., pp. 915 y 916; BENÍTEZ ORTÚZAR, I. F., «Frustración en la ejecución e insolvencias punibles», en MORILLAS CUEVA, l. (coord.), *Estudios sobre el Código Penal reformado. Leyes orgánicas 1/2015 y 2/2015*, Dykinson, Madrid, 2015, p. 588.
5.   Vid. MARTÍNEZ-BUJÁN PÉREZ, C., *Derecho penal económico...*, cit., p. 138, con indicaciones.
6.   SOUTO GARCÍA, «Frustración...», cit., p. 807; BENÍTEZ ORTÚZAR «Frustración...», cit., p. 589.
7.   SOUTO GARCÍA, «Frustración...», cit., p. 811.

2.ª) En la descripción del delito de concurso punible (art. 259.1) se incluyen conductas que, además de ser bastante similares entre sí, podrían ser constitutivas, al propio tiempo, de alzamiento de bienes (la ocultación de bienes, la simulación de créditos).

3.ª) Se contemplan conductas que, al poder sancionarse siempre que el deudor se halle en una situación de «insolvencia actual o inminente» (art. 259.1), no presuponen la existencia de un procedimiento concursal.

4.ª) Se prevé una modalidad imprudente de insolvencia punible (art. 259.3) y se incluyen tipos agravados en el art. 259 bis.

El contenido del Capítulo VII bis viene organizado a partir de la distinción entre conductas de insolvencia punible no causal (art. 259. 1) y de insolvencia punible causal (art. 259. 2).

II. INSOLVENCIA PUNIBLE (ART. 259 CP)

La descripción del concurso punible o bancarrota (términos usados para designar a este delito en el Preámbulo de la LO 1/2015) pivota sobre una compleja fórmula que combina la estructura de los delitos de peligro con la inclusión de una condición objetiva de punibilidad (art. 259.4), pero sin exigir la conclusión del procedimiento concursal (art. 259.5), ni vincular la calificación de la insolvencia en el procedimiento concursal a la jurisdicción penal (art. 259.6)[8].

Merece destacarse que la antijuridicidad de estas conductas no guarda relación con la simulación de una insolvencia aparente y el engaño, sino con el desvalor que comporta la gestión desordenada e irregular del patrimonio por parte de quien se halla en situación de insolvencia real y que conllevan su disminución o destrucción. Sobre el papel se equiparan, por lo tanto, las irregularidades en la gestión del patrimonio realizadas por los empresarios y por los particulares[9], si bien la mayor parte de las conductas típicas sólo es concebible con respecto a los primeros[10]. No es ese el único desajuste que apunta a la necesidad de que el legislador haga valer el principio de proporciona-

---

8. A las modificaciones introducidas en ella por la LO 1/2015 alude su Preámbulo en los siguientes términos: «El nuevo delito de concurso punible o bancarrota se configura como un delito de peligro, si bien vinculado a la situación de crisis (a la insolvencia actual o inminente del deudor) y perseguible únicamente cuando se declara efectivamente el concurso o se produce un sobreseimiento de pagos; y se mantiene la tipificación expresa de la causación de la insolvencia por el deudor. La norma delimita, con la finalidad de garantizar un grado de seguridad y certeza ajustado a las exigencias derivadas del principio de legalidad, las conductas prohibidas por medio de las cuales puede ser cometido el delito. Para ello, tipifica un conjunto de acciones contrarias al deber de diligencia en la gestión de asuntos económicos mediante las cuales se reduce indebidamente el patrimonio que es garantía del cumplimiento de las obligaciones, o se dificulta o imposibilita el conocimiento por el acreedor de la verdadera situación económica del deudor».

9. GONZÁLEZ CUSSAC, «Delitos...», cit., p. 504.

10. Críticos con que se haya hecho llegar al Derecho penal el incumplimiento de los deberes de gestión de una situación de insolvencia por parte de personas que no desempeñan una actividad profesional que incluya la protección del crédito SÁNCHEZ DAFAUCE, M., «Insolvencias punibles», en

lidad en una nueva intervención sobre una figura que presenta rasgos de excepcionalidad como los que se reseñan a continuación: el adelantamiento de las barreras de protección penal a momentos anteriores a la declaración de concurso y que se corresponden más bien con el ámbito de aplicación del alzamiento de bienes[11]; el solapamiento o coincidencia entre algunas conductas falsarias relativas a la contabilidad y los delitos de falsedad; la ampliación de la intervención punitiva a casos de creación imprudente de un peligro para el patrimonio de los acreedores, para los que sería suficiente con la intervención del Derecho mercantil[12]; y lo absurdo de una definición típica que determina que decaiga el delito (por incumplimiento de la condición del apartado 4 del art. 259) cuando el deudor-empresario no ha dejado de cumplir regularmente sus obligaciones exigibles por haberse producido una aportación de dinero público que haya frenado el concurso.

El bien jurídico protegido suele asociarse a los intereses patrimoniales de los acreedores, que verán insatisfechos sus créditos por consecuencia de la conducta del deudor. Se entiende, así, que se trata del mismo bien jurídico individual (excepción hecha de los supuestos en que el acreedor sea una persona jurídico-pública) con el que guarda relación el alzamiento de bienes[13]. Un sector de la jurisprudencia acoge también esa opción interpretativa. La STS de 14 de mayo de 2003 afirma que «es el mismo en todas las modalidades de insolvencia punible: la garantía de que goza todo acreedor de ejecutar y hacer efectivo su crédito, caso de incumplimiento, contra el patrimonio del deudor, conforme dispone el art. 1911 C.Civil». Lo que se trata de salvaguardar es —prosigue la sentencia— «el derecho a no impedir u obstaculizar que tal ejecución logre plena efectividad», y, por ello, «cuantos actos, operaciones, negocios, contratos o maniobras, tendentes a impedir u obstaculizar la regular realización de un crédito deben tener cabida y ser considerados como un delito, sean cuales fueran el número de acreedores o de deudas, bien afecten al patrimonio personal o al de las sociedades que les pertenecen, bien se logre a través de un sólo acto o a través de varios». Abundando en esa idea, la SAP Barcelona de 5 de julio de 2017 entiende que las insolvencias punibles tutelan «el derecho que tienen los acreedores a realizar el patrimonio del deudor sin obstáculos derivados de conductas o maniobras ilícitas que hayan determinado la crisis económica, la insolvencia o su agravación, ya sean estas maniobras fraudulentas, dolo-

---

ÁLVAREZ GARCÍA, F. J. (dir.)*Estudio crítico sobre el anteproyecto de reforma penal de 2012*, Tirant lo Blanch, Valencia, 2013, p. 758; BENÍTEZ ORTÚZAR, «Frustración...», cit., p. 587; MARTÍNEZ-BUJÁN PÉREZ, *Derecho penal económico...*, cit., p. 138; GONZÁLEZ CUSSAC, «Delitos...», cit., p. 504.

11.   SOUTO GARCÍA, «Frustración...», cit., p. 806; BENÍTEZ ORTÚZAR, «Frustración...», cit., p. 588.

12.   QUINTERO OLIVARES, G., «Insolvencias punibles», en ÁLVAREZ GARCÍA, F. J. (dir.), *Estudio crítico sobre el anteproyecto de reforma penal de 2012*, Tirant lo Blanch, Valencia, 2013, p. 751; BENÍTEZ ORTÚZAR, «Frustración...», cit., pp. 591 y 592; SÁNCHEZ DAFAUCE, «Insolvencias...», cit., p. 760.

13.   Vid. SOUTO GARCÍA, «Frustración...», cit., p. 805; GONZÁLEZ CUSSAC, «Delitos...», cit., p. 448, MARTÍNEZ-BUJÁN PÉREZ, *Derecho penal económico...*, cit., p. 141; SÁNCHEZ DAFAUCE, «Insolvencias...», cit., pp. 756 y 757; MAGDALENA CÁMARA, M., *Aspectos dogmáticos y político-criminales de las insolvencias punibles*, Universidad Autónoma de Barcelona, Barcelona, 2016, p. 30; BENÍTEZ ORTÚZAR, «Frustración...», cit., p. 571.

sas e incluso imprudentes (desde la reforma operada por la LO 1/15), de forma que, mediante el derogado art. 260 y el vigente art. 259, se protege un bien individual aunque referido a una pluralidad de acreedores, es decir el derecho de crédito de cada uno de los acreedores concurrentes». En esta misma sentencia se considera que será sujeto pasivo del delito «todo acreedor cuyo derecho se haya visto lesionado por la situación de insolvencia. Y en este sentido los trabajadores son sujeto pasivo del delito, aunque su crédito tenga carácter de privilegiado por cuanto en primer lugar, deben ser tenidos por acreedores no solo en cuanto a los salarios que por la insolvencia de la empresa hubiesen dejado de satisfacer sino también por sus derechos consolidados en relación con el cálculo de la indemnización por despido, por más que este sea una consecuencia directa del cierre de la empresa».

De forma minoritaria, otras opiniones sostienen que su configuración típica exige la virtualidad de la conducta para lesionar también un bien jurídico de naturaleza colectiva, obligando así a los operadores jurídicos a constatar en cada caso concreto algo difícilmente apreciable: la afectación de la economía crediticia, el buen funcionamiento del orden socioeconómico o la funcionalidad del procedimiento ejecutivo para conseguir la satisfacción de los créditos de los acreedores[14]. No faltan autores, incluso, que ven en la economía o el sistema crediticios el verdadero y genuino objeto de tutela[15].

Esa es asimismo la tesis que parece sostenerse en la STS de noviembre de 2017, que afirma que, al margen de la protección que se pretende del derecho personal de crédito, se aprecia la concurrencia con un interés difuso de naturaleza económico-social que se sitúa en la confianza precisa para el desarrollo de las operaciones financieras, en aras a la consecución de un desarrollo económico adecuado a una economía de mercado libre (STS n.º 771/2006, de 17 de julio)»; y es por ello —precisa— que dicho bien «aparecerá de forma más intensa y, por lo tanto, con mayor necesidad de protección, en algunos casos, especialmente cuando se trata de empresas de gran tamaño, en que el perjuicio no solo afectará a una gran cantidad de acreedores, con créditos importantes, sino también a un alto número de trabajadores y proveedores, e incluso al sector de la economía en el que desenvolviera su actividad, ya que, junto a la conducta estrictamente típica del delito de estafa, aparecen otras actividades ajenas a la *conducta delictiva*, como contrataciones con terceros, o relaciones económicas o laborales, que por sus características resultan suficientemente relevantes». En esos supuestos, concluye, «no es posible identificar íntegramente los bienes jurídicos protegidos por los delitos de estafa e insolvencia, por lo que no puede acudirse al artículo 8 CP, sino que

---

14.   NIETO MARTÍN, *El delito...*, cit., pp. 36 y ss.; FEIJOO SÁNCHEZ, «Crisis económica...», cit., p. 8; PAVÍA CARDELL, «Los delitos de insolvencia punible», en CAMACHO VIZCAÍNO, A. (dir.), *Tratado de Derecho penal económico*, Tirant lo Blanch, Valencia, 2019, p. 818; Preámbulo de la LO /2015, considerando que las conductas del art. 259.1 «ponen en peligro los intereses de los acreedores y el orden socioeconómico».

15.   QUERALT JIMÉNEZ, J. J., *Derecho penal. Parte especial,* Tirant lo Blanch, Valencia, 2015, p. 791. En esa misma línea GÓMEZ LANZ, «Las insolvencias...», cit., p. 7; CABALLERO BRUN, F., *Insolvencias punibles*, Iustel, Madrid, 2008, p. 186; CAMPANER MUÑOZ, J., «El derecho penal de las insolvencias. Cuestiones dogmáticas y procesales a la luz de los bienes jurídicos protegidos», *Cuadernos de política criminal*, n.º 113 (2014), p. 280.

deben aplicarse las reglas que regulan el concurso de delitos». En esa misma línea, la STS de 14 de junio de 2017 subraya que, si bien la reforma de la LO 1/2015 «ha supuesto una modificación esencial en la configuración de los delitos de bancarrota o concurso, en el sentido en que el derogado artículo 260.1 exigía una relación causal entre los actos dispositivos defraudatorios y el nacimiento o la agravación de la insolvencia (delito de resultado), mientras que el actual artículo 259, sanciona al deudor que se encuentre en una situación de insolvencia actual o inminente, siempre que incurra en determinas actuaciones de fraude (patrimonial, contable o documental), aun cuando no llegue a acreditarse una relación causa-efecto entre su actuación y el estado de insolvencia», «tanto el artículo 260 que se ha aplicado, como el actual artículo 259 que le sustituye, tienen por bien jurídico protegido el derecho personal de crédito, apreciándose en ellos un interés difuso de naturaleza económico-social, que hace referencia a la confianza precisa para el desarrollo de operaciones financieras y mercantiles (STS 1757/02, de 25 de octubre) y que permite apreciar una mayor dificultad en que la antijuricidad del fraude sobre la solvencia se agote con la conducta captatoria de la estafa». En relación con el supuesto enjuiciado en ella, el Tribunal ve muy difícil poder afirmar que «en un grupo empresarial de más de 38 entidades y que cuenta con una actividad mercantil real, la despatrimonialización de las entidades o el perjuicio de su activo, no afecte a otros individuos distintos de los que engañadamente hicieron las aportaciones de capital, trascendiendo así el mero agotamiento de la estafa». Adentrándose en otras consideraciones, la sentencia concluye que en el marco de un procedimiento concursal, «cualquier fraude de la masa activa, no sólo compromete la capacidad de retorno a quienes entregaron las cantidades dinerarias defraudadas, sino que produce resultados de un pronosticable mayor alcance, pues se compromete también el crédito de quienes contratan con la empresa en virtud de sus actuaciones mercantiles ordinarias, además de afectar a la relación laboral de sus empleados, al crédito privilegiado de su trabajo o incluso a un organismo autónomo de carácter administrativo como es el Fondo de Garantía Salarial».

No veo inconveniente en admitir que lo que el legislador pretende preservar, en última instancia, es, efectivamente, la economía crediticia, pero el bien jurídico cuya lesión o puesta en peligro aparecen conectados con las conductas típicas —y, que, en esa medida, debe considerarse preferente y prioritario— es, sin duda, el relativo al derecho de los acreedores a la satisfacción de sus créditos[16]. Creo, además, que el «sistema crediticio» designa una estructura compleja, integrada por un conjunto de elementos totalmente heterogéneos y que dificultan la tarea del intérprete de delimitar el ámbito de lo penalmente relevante[17].

---

16.   GUTIÉRREZ PÉREZ, *Alzamiento*..., cit., pp. 201 y ss., incidiendo en que el funcionamiento del sistema crediticio únicamente podría verse afectado por una «reiteración generalizada de conductas» (p. 204).

17.   Como explica FARALDO CABANA, «podrá ocurrir que los comportamientos que aparezcan como claramente perjudiciales para uno de los elementos de esa estructura —sistema crediticio— resulten ser beneficiosos para el equilibrio global». Vid. FARALDO CABANA, P., «Los delitos de insolvencia fraudulenta y de presentación de datos falsos ante el nuevo Derecho concursal y la reforma penal», *Estudios Penales y Criminológicos*, vol. 24 (2004), p. 281.

Desde la perspectiva de su afección al derecho de crédito del acreedor, algunas de las modalidades típicas —las de los números 6, 7 y 8— se configuran claramente como delitos de peligro concreto, en los que se hace necesario constatar con un juicio *ex post* la existencia de un resultado asociado a la dificultad para comprender o a la imposibilidad para valorar la valoración de la situación patrimonial o financiera del deudor[18]. Las de los números 1 a 5, sin embargo, siempre traen consigo un empeoramiento de la situación económica de un deudor que ha asumido nuevas obligaciones y provocado, con ello, un incremento de su pasivo o una disminución de su activo[19]. No parece que deba excluirse siempre para la mayor parte de ellas, en consecuencia, la calificación de delitos de lesión —al menos cuando exista una obligación crediticia vencida y exigible[20]—.

1. LA CONDICIÓN OBJETIVA DE PUNIBILIDAD DE LA INSOLVENCIA PUNIBLE (ART. 259. 4 CP)

Aunque buena parte de las conductas típicas de la insolvencia punible se consuman con anterioridad a la declaración concursal y sin necesidad de que el sujeto deje de dar cumplimiento regular a sus obligaciones, el art. 259. 4 incluye, a modo de condición objetiva de punibilidad[21], la declaración civil de concurso, es decir, una condición formal, o el cese en el cumplimiento regular de las obligaciones exigibles, por lo tanto, una de carácter material y cuya mención ha operado el efecto de trasladar el centro de gravedad de la insolvencia a la situación de impago generalizado[22]. Esta exigencia, dirigida a armonizar las normas penales con las mercantiles en materia de concursos y que obliga a realizar una interpretación conjunta de los apartados 1 y 4 del art. 259, genera diversos problemas interpretativos y, también, alguna incoherencia en el tratamiento penal del delito concursal. Así, no hay que olvidar que el art. 2 de la Ley Concursal señala que la declaración de concurso procede en los supuestos de insolvencia

---

18. En ese sentido se pronuncian FARALDO CABANA, P., «Vuelta a los hechos de bancarrota. El delito de insolvencia fraudulenta tras la reforma de 2015», *Revista de Derecho concursal y paraconcursal*, n.º 23 (2015), p. 4 y GUTIÉRREZ PEREZ, *Alzamiento*..., cit., pp. 270 y 271. En cambio, afirman que responden a la estructura típica del peligro abstracto SÁNCHEZ DAFAUCE, «Frustración...», cit., p. 270; GÓMEZ LANZ, «Las insolvencias...», cit., p. 9; FRANCÉS LECUMBERRI, P., «El delito de insolvencia punible documental (art. 259.1 aps. 6.º a 8.º CP). Críticas y claves para su interpretación», *InDret*, n.º 2 (2019), p. 26. Para PAVIA CARDELL estamos ante figuras de peligro presunto: vid. PAVÍA CARDELL, «Los delitos...», cit., p. 831.

19. GUTIÉRREZ PÉREZ, *Alzamiento*..., cit., p. 264.

20. Así, en referencia a las de los números 1 a 4, MARTÍNEZ-BUJÁN PÉREZ, *Derecho penal económico*..., cit., p. 142; JOSHI JUBERT, U., «Protección penal de los acreedores», en CORCOY BIDASOLO, M. / GÓMEZ MARTÍN, V., *Manual de Derecho penal económico y de la empresa*, Tirant lo Blanch, Valencia, 2016, p. 432; SÁNCHEZ DAFAUCE, *Estudio*..., cit., p.61 y nota 61.

21. MARTÍNEZ-BUJÁN PÉREZ, *Derecho penal económico*..., cit., p. 142; SÁNCHEZ DAFAUCE, *Estudio*..., cit., p. 35; GUTIÉRREZ PÉREZ, *Alzamiento*..., cit., pp. 410 y ss.; FEIJOO SÁNCHEZ; de otra opinión, considerándola una condición de procedibilidad, GÓMEZ LANZ, «Las insolvencias...», cit., p. 10; BENÍTEZ ORTÚZAR, «Frustración...», cit., p. 592; SÁNCHEZ DAFAUCE, «Insolvencias punibles...», cit., p. 769; GALLEGO SOLER, «Capítulo VII bis...», cit., p. 915; GONZÁLEZ CUSSAC, «Delitos contra el patrimonio...», cit., p. 507.

22. SÁNCHEZ DAFAUCE, *Estudio crítico*..., cit., pp.101 y ss.

del deudor común (art. 2.1), que se definen por su incapacidad de «cumplir regularmente sus obligaciones exigibles» (art. 2.2). Su puesta en relación con la normativa concursal obliga a entender, por lo tanto, que, por mucho que se aluda a dos supuestos diferenciados, lo normal será que se haya declarado el concurso o que, cuando menos, se verifique su presupuesto objetivo[23]. Tampoco tiene mucho sentido requerir el cumplimiento de una circunstancia que coincide exactamente con el resultado típico del art. 259. 2 y parcialmente con el presupuesto de la conducta típica del art. 259. 1 CP. Otra de las críticas que se ha dirigido al precepto es la referida a la quiebra que supone introducir una condición de carácter formal en el sistema de responsabilidad diseñado en el art. 259 y que se basa en criterios materiales económicos. La única forma de salvar esa contradicción sería, quizá, a través de la incorporación de la intervención pública a modo de tercera condición alternativa, pensando en los casos en que de no ser por la aportación de fondos públicos, se produciría un sobreseimiento general de los pagos[24].

Lo dispuesto en el art. 259.4 reviste, en cualquier caso, una especial importancia a la hora de concretar el ámbito de aplicación del delito en aquellos casos en que, en el momento en que lleva a cabo las actuaciones de gestión de su patrimonio, el deudor se halla en la situación de insolvencia inminente: teniendo en cuenta que viene caracterizada por la mera previsión de cese en el cumplimiento regular y puntual de las obligaciones exigibles (art. 2.3 de la Ley Concursal), para subsumirlas en los tipos penales del art. 259 habrá que esperar, bien a la declaración del concurso, bien a la constatación de una insolvencia actual[25].

Por lo demás, parece claro que, al igual que el antiguo art. 260. 1 del CP de 1995, el art. 259 no contiene presupuesto de procedibilidad alguno relacionado con la calificación de la situación concursal o con cualquier autorización o mandato para proceder del juez civil[26]. Así se deduce de lo indicado por los artículos 259. 5, que permite expresamente perseguir el delito («y los delitos singulares relacionados con él») —haciendo posible que los procesos corran de forma paralela— sin necesidad de esperar a la finalización del concurso, y sin perjuicio de su continuación, y 259. 6, que proclama que la calificación de un concurso punible en el marco de un proceso penal es competencia exclusiva de la jurisdicción de aquel orden («en ningún caso, la calificación de la insolvencia en el proceso concursal vinculará a la jurisdicción penal»).

A los efectos de determinar la existencia de la declaración civil de concurso puede resultar de interés lo señalado en el art. 2 TRLC, que precisa que su solicitud puede ser

---

23.   GALLEGO SOLER, «Capítulo VII bis...», cit., p. 915.
24.   GONZÁLEZ CUSSAC, «Delitos...», cit., p. 504; MARTÍNEZ-BUJÁN PÉREZ, *Derecho penal económico*..., cit., pp. 139 y 140; SÁNCHEZ DAFAUCE, «Insolvencias...», cit., p. 760; QUINTERO OLIVARES, «Artículo 259», cit., p. 175.
25.   SOUTO GARCÍA, E., «La tutela penal del Derecho de crédito tras la reforma operada por la Ley orgánica 1/2015, de 3 de marzo. Los "nuevos" delitos de frustración de la ejecución y de insolvencia punible», *Revista de derecho y proceso penal*, n.º 38 (2015), p. 161; GÓMEZ LANZ, «Las insolvencias...», cit., p. 10; MARTÍNEZ-BUJÁN PÉREZ, *Derecho penal económico*..., cit., p. 144.
26.   MARTÍNEZ-BUJÁN PÉREZ, *Derecho penal económico*..., cit., p. 146.

presentada por el deudor —justificando su endeudamiento y su estado de insolvencia (art. 2.3)— o por un acreedor, que tendrá que fundarla «en título por el cual se haya despachado ejecución o apremio sin que del embargo resultasen bienes libres bastantes para el pago» o en la existencia de alguno de los hechos que se indican a continuación: «1) el sobreseimiento general en el pago corriente de las obligaciones del deudor; 2) la existencia de embargos por ejecuciones pendientes que afecten de una manera general al patrimonio del deudor; 3) el alzamiento o la liquidación apresurada o ruinosa de sus bienes por el deudor; 4) el incumplimiento generalizado de obligaciones de alguna de las clases siguientes: las de pago de obligaciones tributarias exigibles durante los tres meses anteriores a la solicitud de concurso; las de pago de cuotas de la Seguridad Social, y demás conceptos de recaudación conjunta durante el mismo período; las de pago de salarios e indemnizaciones y demás retribuciones derivadas de las relaciones de trabajo correspondientes a las tres últimas mensualidades» (art. 2. 4). Por otra parte, el auto de declaración deberá incluir determinados pronunciamientos, especificados en el art. 28.

2.   TIPO OBJETIVO

2.1.   Tipo objetivo de la insolvencia no causal (259.1 CP)

Nos encontramos con un delito especial propio, además de por las alusiones al «deudor» contenidas en otros apartados del art. 259 (4 y 5), por la referencia típica a que el autor deba «encontrarse en una situación de insolvencia»[27]. Dicho ello, es preciso poner de relieve que, aunque la mayoría de las conductas típicas consiste en incumplimientos del deber de diligencia en la gestión de los asuntos económicos propios del empresario, ninguno de los tipos del art. 259. 1 delimita ulteriormente —de manera expresa y concreta— los sujetos activos, que no deberán reunir, por ello, ninguna cualificación profesional adicional ni cumplir ningún otro requisito formal (por ejemplo, el de haber sido declarados en concurso). Por lo demás, algunos de los comportamientos delictivos podrían ser constitutivos del delito (común) de alzamiento de bienes[28], en la medida en que con ellos el sujeto se alza con sus bienes en perjuicio de los acreedores concursales (por ejemplo, la ocultación de bienes, la causación de daños o la destrucción de bienes o elementos patrimoniales incluidos en la masa del concurso en el momento de su apertura o la simulación de créditos), lo que explica que en algunos casos de insolvencias de los no comerciantes la Jurisprudencia haya venido excluyendo la aplicación del delito concursal en favor de aquel[29]. De acometerse algún día una reforma que circunscriba el ámbito de la insolvencia punible a los casos de bancarrota empresarial podría incorporarse, además, a la pena principal una de inhabilitación especial[30].

El apartado 5 del art. 259 aclara que deben considerarse incluidos en el círculo de la autoría quienes hayan actuado en nombre del deudor. Aunque se ha propuesto traerlo

---

27.   Vid. GONZÁLEZ CUSSAC, «Delitos...», cit., p. 504, citando la STS de 14 de diciembre de 2018.
28.   BENÍTEZ ORTÚZAR «Frustración...», cit., p. 587.
29.   MARTÍNEZ-BUJÁN PÉREZ, *Derecho penal económico*..., cit., p. 154.
30.   Esa es la propuesta de GÓMEZ LANZ, «Las insolvencias...», cit., p. 8.

en aplicación para castigar como autores a los deudores que se valen de quien no reúne las cualidades subjetivas típicas para ejecutar la conducta típica, la cláusula resulta a todas luces innecesaria por redundante, teniendo en cuenta la regla del «actuar por otro» del art. 31 CP.

Presupuesto indispensable del delito es la existencia de una «situación de insolvencia actual o inminente»[31], a la que el legislador alude a modo de «suceso ulterior», desvinculado de la intención y el control del autor[32]. Por insolvencia actual debe entenderse un estado de hecho, no valorado jurídicamente, relacionado con la imposibilidad del deudor de cumplir regularmente sus obligaciones exigibles (art. 2.3 TRLC), con independencia de cuál haya sido su origen (a saber, la realización por el deudor de un alzamiento de bienes o cualquier otra circunstancia ajena a su voluntad). Por su parte, la inminente debe asociarse a la previsión de que el deudor no podrá cumplir de manera regular y puntual dichas obligaciones dentro de los tres meses siguientes, tal y como se deduce de lo establecido en ese precepto. De cualquier manera, resulta criticable la vaguedad o indeterminación de dicha expresión, que abarcará también irremediablemente las situaciones en que, al existir únicamente frente a una parte de los acreedores o en parte del territorio nacional, la insolvencia no será real[33]. Un sector doctrinal propone *de lege ferenda*, por ello, interpretarla (restrictivamente) en el sentido de «previsibilidad objetiva»[34]. También se ha hecho notar, negativamente, que la similitud de las conductas del art. 259. 1 a las previstas en el art. 443 TRLC distorsiona las relaciones entre ambas clases de preceptos y que la no previsión en los tipos penales de coeficientes adicionales de gravedad que reflejen la vigencia de los principios de intervención mínima y fragmentariedad demuestra una descoordinación técnica que puede generar problemas interpretativos y de subsunción[35]. A modo de ejemplo se ha destacado que la declaración mercantil de responsabilidad concursal del actual art. 456 TRLC —un ilícito de mayor gravedad que el que representa el concurso culpable, pero que no se corresponde con ninguna acción penalmente relevante— requiere de una causalidad, en términos de generación o agravación de la insolvencia, que resulta ajena a los tipos del art. 259. 1[36].

En cualquier caso, es obvio que el legislador alude a las situaciones de insolvencia en sentido técnico, quedando fuera del tipo los casos —ya referidos en un momento anterior— en que las obligaciones de una entidad coyunturalmente insolvente por la mala gestión de sus directivos han quedado cubiertas por el Banco de España o el Fondo de Garantía de Depósitos o Inversiones. Extramuros del delito permanecerán, asimismo, los supuestos en que la realización de las conductas típicas se orienta precisa-

---

31.   BENÍTEZ ORTÚZAR, «Frustración...», cit., p. 588.
32.   QUINTERO OLIVARES, «Artículo 259», cit., p.163.
33.   QUINTERO OLIVARES, «Artículo 259», cit., p.175.
34.   SÁNCHEZ DAFAUCE, «Insolvencias...», cit., p. 758; GÓMEZ LANZ, «Las insolvencias...», cit., p. 10.
35.   MONGE FERNÁNDEZ, *El delito concursal...*, cit., p. 119; GÓMEZ LANZ, «Las insolvencias...», cit., p. 8.
36.   GÓMEZ LANZ, «Las insolvencias...», cit., pp. 8 y 9.

mente a provocar la insolvencia (a subsumir en el apartado 2) o en que esta se busca con la intención de no afrontar las deudas y perjudicar a los acreedores (que podrá calificarse, de cumplirse la totalidad de los requisitos típicos, con arreglo al tipo del alzamiento de bienes).

Junto a las modalidades comisivas —un complejo conjunto que suma hasta ocho—, el precepto incluye una cláusula abierta en virtud de la cual se otorga relevancia, como conducta típica, a «cualquier otra conducta activa u omisiva que constituya una infracción grave del deber de diligencia en la gestión de asuntos económicos y a la que sea imputable una disminución del patrimonio del deudor o por medio de la cual se oculte la situación económica real del deudor o su actividad empresarial». De la mano de algunas consideraciones puede intentar reducirse la inicial indeterminación de esta disposición, una especie de «cajón de sastre» en el que, a juicio de algún autor, cabría subsumir, incluso, el incremento de sueldos y remuneraciones directas o indirectas de administradores y directivos incompatible con los criterios mínimos de racionalidad económica, siempre que hubieran determinado una disminución del patrimonio del deudor[37]. Así, hay que darle la razón a MARTÍNEZ-BUJÁN PÉREZ cuando subraya que sólo deberían revestir relevancia típica los comportamientos que posean una gravedad similar a las anteriores modalidades y que conlleven o una disminución efectiva del patrimonio del deudor o una ocultación de su situación económica[38]. En cuanto a los límites que debe rebasar la discrecionalidad empresarial para adquirir trascendencia jurídico-penal hay que decir lo siguiente: tanto la naturaleza jurídica del delito, como los principios de intervención mínima, seguridad jurídica y no contradicción interna del ordenamiento jurídico conducen a la atipicidad de los casos que se ajusten a los estándares de diligencia de un ordenado empresario, por haber actuado de buena fe, sin interés personal, con suficiente información y respetando los procedimientos adecuados de decisión[39].

El tipo se construye como uno mixto alternativo, por lo que realización de cualquiera de las conductas colmará las exigencias típicas y la ejecución de varias, por el mismo sujeto, dará lugar a un único delito. Si bien podrían barajarse otros criterios de clasificación, la mayoría de los autores las reconducen a dos grupos: a) las que suponen actuaciones sobre el patrimonio del deudor (las de los apartados 1.1.ª a 1.5.ª); y b) las

---

37. SÁNCHEZ DAFAUCE, M., «Incumplimiento de las obligaciones exigibles y concepto penal de insolvencia», *Revista penal*, n.º 48 (2021), p. 181; sobre otros casos que, acaso, podrían también dar vida a la cláusula vid. GUTIÉRREZ PÉREZ), *Alzamiento...*, cit., pp. 468, 469,563, 615 y 625.

38. MARTÍNEZ-BUJÁN PÉREZ, *Derecho penal económico...*, cit., p. 148; SÁNCHEZ DAFAUCE, *Estudio crítico...*, cit., pp. 58 y ss. Vid. las consistentes críticas de GÓMEZ LANZ a la propuesta de BENÍTEZ ORTÚZAR («Frustración...», cit., pp. 589 y ss.) de condicionar la relevancia penal de todas las modalidades del art. 259.1 a la existencia de elementos volitivos vinculados a la finalidad del autor. Vid. GÓMEZ LANZ, «Las insolvencias...», cit., p. 16 y nota 35.

39. GALLEGO SOLER, «Capítulo VII bis...», cit., p. 917, trayendo a colación el principio de discrecionalidad empresarial introducido por el art. 226 LSC; de acuerdo con las SSTS de 13 de marzo de 2002 y de 13 de abril de 2005, el dolo típico del derogado art. 260 era incompatible con las actuaciones de reflotación o saneamiento, al requerir en todo caso el propósito del autor de perjudicar a los acreedores.

que pivotan sobre un inadecuado cumplimiento de los deberes contables (apartados 1.6.ª a 1.8.ª)[40].

Para la interpretación de la primera de las modalidades («oculte, cause daños o destruya los bienes o elementos patrimoniales que estén incluidos, o que habrían estado incluidos, en la masa del concurso en el momento de su apertura») habrá que tomar como referencia la «ocultación» incluida en la descripción típica del alzamiento de bienes[41]. Así, y teniendo en cuenta que el tipo exige que ya exista la insolvencia del deudor (si es la ocultación la que causa la insolvencia el aplicable sería el del art. 259.2), su radio de acción vendrá integrado por los supuestos que impliquen una agravación de una insolvencia existente y actual, así como aquellos que no conllevan siquiera dicha agravación[42]. Una enmienda de 11 de marzo de 2015 eliminó la alusión a que las conductas de este apartado no se ajustasen «al deber de diligencia en la gestión de asuntos económicos», que formaba parte de la redacción original del artículo en la ley de reforma y cuya interpretación había suscitado no pocas reservas doctrinales[43]. Esta modalidad se configura, por lo demás, como un delito de resultado material, que exige —sin mencionarlo expresamente— la producción de un perjuicio a los acreedores, concretado en la afección negativa a sus posibilidades de cobro[44].

Más problemático es delimitar qué comportamientos integran la modalidad consistente en la realización de «actos de disposición mediante la entrega o transferencia de dinero u otros activos patrimoniales, o mediante la asunción de deudas, que no guarden proporción con la situación patrimonial del deudor, ni con sus ingresos, y que carezcan de justificación económica o empresarial», típica igualmente en sede de alzamiento de bienes (la entrega del dinero es merma del activo y la asunción de deudas una manera de aumentar el pasivo). Lo más razonable es atender a lo previsto en el art. 227 TRLC, en el que se presume la existencia de perjuicio patrimonial cuando se realizan ciertos actos de disposición a título gratuito u oneroso o la constitución de ciertas garantías reales a favor de obligaciones preexistentes[45]. La referencia a la carencia de justificación económica o empresarial —que, como la desproporción con la situación del deudor, no parece compatible con la seguridad jurídica buscada con la reforma, a tenor de su Exposición de Motivos[46]— parece apoyar la restricción del círculo de la autoría a los empresarios y la consiguiente derivación de la entrega de dinero o la

---

40.   SOUTO GARCÍA, «Frustración...», cit., p. 810; GÓMEZ LANZ, «Las insolvencias...», cit., pp. 7 y 8; GALLEGO SOLER, «Capítulo VII bis...», cit., p. 915.
41.   GALLEGO SOLER, «Capítulo VII bis...», cit., p. 915.
42.   Vid. SOUTO GARCÍA, «Frustración...», cit., p. 811. Aunque define el resultado de las conductas incluidas en el art. 159.1.1.º en términos de «causación de insolvencia real», el planteamiento de GONZÁLEZ CUSSAC parece cercano al de SOUTO GARCÍA: en un párrafo anterior reconoce que los únicos que pueden realizarlas son los «deudores ya insolventes»: vid. GONZÁLEZ CUSSAC, «Delitos...», cit., pp. 504 y 505.
43.   SOUTO GARCÍA, «Frustración...», cit., p. 811.
44.   Así, SOUTO GARCÍA, «Frustración...», cit., p. 812, apoyándose en el radio de acción del tipo agravado del art. 259 bis: la creación de un peligro de perjuicio para una pluralidad de personas.
45.   GONZÁLEZ CUSSAC, «Delitos...», cit., p. 505.
46.   GALLEGO SOLER, «Capítulo VII bis...», cit., p. 916.

asunción de deudas protagonizadas por particulares al ámbito de aplicación del alzamiento[47]. Estamos de nuevo ante un delito resultativo cuya consumación se fiará a la producción de un perjuicio para los acreedores[48]. Como explica QUINTERO OLIVARES[49], el tipo no proporciona indicación alguna sobre el plazo de extensión retroactiva de los actos de disposición (el art. 443.2.º TRLC califica como culpable el concurso cuando «durante los dos años anteriores a la fecha de la declaración... hubieran salido fraudulentamente del patrimonio del deudor bienes o derechos»).

La tercera conducta (realizar «operaciones de venta o prestaciones de servicio por precio inferior a su coste de adquisición o producción, y que en las circunstancias del caso carezcan de justificación económica») sigue suponiendo una disminución del activo y aumento del pasivo del deudor coincidente con la conducta del alzamiento de bienes, teniendo en cuenta que las ventas o prestaciones de servicios siempre provocarán pérdidas. La exigencia de que se realicen sin justificación económica —que deberá ser examinada de acuerdo con las circunstancias del caso concreto[50]— deparará no pocos problemas interpretativos, por las dificultades para perfilar los límites entre las actividades justificables y no justificables[51]. La venta a la baja exigirá que las partes se hayan puesto previamente de acuerdo para emitir una declaración de voluntad contraria a su verdadera intención: disponer ficticiamente del bien a un precio inferior al normal. Sería el caso de las ventas a un familiar que esconden una modificación ficticia de propietario, al mantener el deudor (ocultamente) las facultades de disposición sobre los bienes. QUINTERO OLIVARES ha propuesto, *de lege ferenda*, restringir el tipo a las ventas de mercancías que, al haber sido compradas a crédito, no le pertenezcan plenamente al deudor[52].

La siguiente modalidad típica (la 4.ª) se refiere a la simulación de créditos de terceros o al reconocimiento de créditos ficticios, supuestos que podrían dar vida a un delito de administración desleal, falsedad en documento mercantil, falsedad societaria o, incluso, alzamiento de bienes del art. 257.1.1.ª CP[53]. Debe tenerse presente, asimismo, que a tenor del art. 443.3.º TRLC calificará el concurso como culpable el que el deudor, con anterioridad a la fecha de declaración del concurso, hubiese llevado a cabo cualquier acto jurídico orientado a simular una situación patrimonial ficticia. SÁNCHEZ DAFAUCE califica con arreglo a este apartado —y al 1.º— las insolvencias inminentes que van acompañadas de un impago generalizado determinado por una circunstancia distinta de la incapacidad actual de pago[54].

---

47. BENÍTEZ ORTÚZAR, «Frustración...», cit., p. 589.
48. De otra opinión GALLEGO SOLER, «Capítulo VII bis...», cit., p. 916.
49. QUINTERO OLIVARES, «Artículo 259», cit., pp. 164 y 175.
50. BENÍTEZ ORTÚZAR, «Frustración...», cit., p. 589.
51. QUINTERO OLIVARES menciona las ventas o prestaciones de servicios cuyos precios resulten inviables en una concreta coyuntura económica y que el vendedor-prestador lleva a cabo por resultarle más gravosa la suspensión definitiva del negocio. Vid. QUINTERO OLIVARES, «Artículo 259», cit., p. 164.
52. QUINTERO OLIVARES, «Artículo 259», cit., p. 165.
53. GALLEGO SOLER, «Capítulo VII bis...», cit., p. 916.
54. SÁNCHEZ DAFAUCE, Estudio crítico..., cit., p. 65 y nota 155.

La quinta conducta (participar «en negocios especulativos, cuando ello carezca de justificación económica y resulte, en las circunstancias del caso y a la vista de la actividad económica desarrollada, contrario al deber de diligencia en la gestión de asuntos económicos) nos sitúa en un escenario muy distinto, definido por expresiones controvertidas o, cuando menos, no unívocas y que le restan al tipo la imprescindible taxatividad[55]. Alude a aquellos casos de mala gestión en que el deudor realiza negocios especulativos, es decir, que por sus características o naturaleza deban calificarse como de alto riesgo de producción de pérdidas económicas, sin evaluar correctamente las circunstancias que son relevantes para la decisión de invertir o, incluso, a pesar de conocer todas las claves de la inversión y conocer mejores alternativas[56]. Lo decisivo para que pueda afirmarse motivadamente su concurrencia serán —a tenor del texto del precepto— las circunstancias del caso concreto, la actividad económica desarrollada por el sujeto y también, y en primer lugar, la carencia de justificación económica[57]. A propósito del significado de esta última expresión, quizá la posición más razonable sea la que la asocia a la no realización de una actividad económica que pudiera considerarse productiva (optar por una interpretación que pivotase, por ejemplo, sobre la intención de obtener un beneficio abocaría a la imposibilidad de aplicar el tipo). Debe dárseles la razón, por todo ello, a quienes restringen el círculo de la autoría a los empresarios titulares de aquella[58].

Las modalidades 6.ª a 8.ª describen irregularidades contables dirigidas a imposibilitar o a dificultar gravemente el conocimiento de la situación económica real del deudor[59], equivalentes a la destrucción u ocultación de activos patrimoniales[60] y muy similares, por lo demás, a las tipificadas en los arts. 290 (falseamiento de cuentas societarias) y 310 (delito contable) del texto punitivo.

La 6.ª, que debe ponerse en consonancia con lo establecido en el art. 443.5.º TRLC, consiste en incumplir el deber legal de llevar contabilidad, llevar doble contabilidad, cometer en su llevanza irregularidades que sean relevantes para la comprensión de su situación patrimonial o financiera o destruir o alterar los libros contables, cuando de este modo se dificulte o impida de forma relevante la comprensión de la situación patrimonial o financiera (hasta la entrada en vigor de la LO 1/2015 la jurisprudencia había establecido la atipicidad tanto de la conducta omisiva de la llevanza de libros, como las irregularidades en la declaración contable que no obedecieran a un propósito dirigido a facilitar el fraude: SSTS 17 de mayo de 1997, de 19 de enero de 1998 y de

---

55.   GÓMEZ LANZ, «Las insolvencias...», cit., p. 8; QUINTERO OLIVARES, «Artículo 259», cit., p. 166, apuntando que con su incorporación al art. 259 el legislador ha optado por el modelo de criminalización del art. 283.2 del Código penal alemán, pero haciendo equivalente la ausencia de justificación económica a la realización de los negocios de modo contrario a lo que implica una ordenada gestión económica, que es la cláusula recogida en aquel.

56.   GUTIÉRREZ PÉREZ, *Alzamiento...*, cit., pp. 611 y ss.

57.   GONZÁLEZ CUSSAC, «Delitos...», cit., p. 464; SOUTO GARCÍA, «Frustración...», cit., p. 814; QUINTERO OLIVARES, «Artículo 259», cit., p. 166.

58.   BENÍTEZ ORTÚZAR, «Frustración...», cit., p. 590.

59.   GUTIÉRREZ PÉREZ, *Alzamiento...*, cit., p. 267.

60.   NIETO MARTÍN, A., *El delito de quiebra*, Tirant lo Blanch, Valencia, p. 157.

18 de julio de 2006). Aunque sólo haga mención a ello en relación con las dos últimas, la necesidad de establecer un nexo de imputación objetivo-subjetivo con la creación de un obstáculo para la precitada comprensión debe exigirse para todas y cada una de esas actuaciones[61], con las que probablemente ha pretendido atenderse a una amplísima fenomenología referida por GUTIÉRREZ PÉREZ y entre la que se incluyen, por ejemplo, no reflejar o plasmar elementos no existentes en partidas de activo o pasivo, encubrir salidas de bienes y derechos bajo préstamos de la sociedad a los socios o personas y sociedades vinculadas, imputar gastos personales sin relación con la actividad de la sociedad, manejar incorrectamente provisiones y cuentas de deterioro o usar cuentas de anticipo de clientes y de personal para modificar los resultados[62]. En la enumeración que hace el legislador se advierten, no obstante, redundancias y superposiciones: la destrucción es asimilable a la no llevanza de la contabilidad, en tanto que la inclusión de irregularidades no es otra cosa que su alteración[63]. Orientada, de nuevo, a los titulares de actividades económicas obligados a seguir la formalidad en la contabilidad, con arreglo a lo establecido en la normativa mercantil —el art. 25.1 del Código de Comercio dispone que «todo empresario deberá llevar una contabilidad ordenada, adecuada a la actividad de su Empresa, que permita un seguimiento cronológico de todas sus operaciones, así como la elaboración periódica de balances e inventarios», debiendo llevar necesariamente «sin perjuicio de lo establecido en las leyes o disposiciones especiales, un libro de Inventarios y Cuentas anuales y otro Diario»—, planteará problemas concursales, además de con el delito contable y el falseamiento de cuentas societarias, con la falsedad en documento mercantil de los artículos 390 y siguientes. Se discute si la referencia a la contabilidad ha de entenderse en sentido amplio, comprensivo de las cuentas anuales y de los soportes contables, o ponerse en conexión con los documentos internos de la empresa en sentido estricto[64].

La 7.ª (ocultar, destruir o alterar la documentación que el empresario está obligado a conservar antes del transcurso del plazo al que se extiende este deber legal, cuando de este modo se dificulte o imposibilite el examen o valoración de la situación económica real del deudor) alude también a que se dificulte o impida conocer la situación económica del deudor. Planteará de nuevo dificultades concursales con los delitos de falsedad en documento mercantil o con el delito de falsedad contable en el ámbito de la delincuencia societaria[65]. El precepto no abarca la contabilidad, objeto de la modalidad anterior. Para determinar las obligaciones de las empresas en esta materia habrá que acudir a la normativa extrapenal, fundamentalmente a la mercantil y a la tributaria[66].

---

61.   FRANCÉS LECUMBERRI, «El delito...», cit., pp. 17 y ss.
62.   GUTIÉRREZ PÉREZ, *Alzamiento...*, cit., p. 279.
63.   SOUTO GARCÍA, «Frustración...», cit., p. 815; FRANCÉS LECUMBERRI, «El delito...», cit., p. 22.
64.   De esta última opinión FRANCÉS LECUMBERRI, oponiéndola a la expresión «cuentas anuales» del apartado 8.º del art. 259, que sí sería alusiva a todos los documentos que las componen: FRANCÉS LECUMBERRI, «El delito...», cit., p. 17.
65.   SOUTO GARCÍA, «Frustración...», cit., p. 816.
66.   Vid. QUINTERO OLIVARES, «Artículo 259», cit., p. 168.

Por último, la 8.ª (formular las cuentas anuales o los libros contables de un modo contrario a la normativa reguladora de la contabilidad mercantil, de forma que se dificulte o imposibilite el examen o valoración de la situación económica real del deudor, o incumplir el deber de formular el balance o el inventario dentro de plazo) conlleva el incumplimiento de las formalidades contables a que vienen obligados los titulares de actividades económicas o empresariales, que es el ámbito en el que se sitúan los documentos a que hace referencia el tipo[67]. La conducta referida al incumplimiento del deber de formular el balance o el inventario ha sido objeto de críticas por entenderse que sanciona la infracción de obligaciones meramente formales, «alguna de las cuales ni siquiera se considera relevante para calificar civilmente el concurso como culpable»[68]. Sin embargo, para GUTIÉRREZ PÉREZ sirve a una finalidad político-criminal muy atendible: la de garantizar que el deudor no termine contrayendo obligaciones con acreedores que no pudieron valorar de forma correcta su situación[69]. La descripción típica no requiere ninguna falsificación de los datos económicos incorporados.

El análisis de los datos que figuran en el relato de los hechos probados en la SAP Valladolid de 6 de mayo de 2019 llevó al tribunal a apreciar la concurrencia de las modalidades previstas en los apartados 6.º, 7.º, 8.º y 9.º. El supuesto enjuiciado era el siguiente. El 27 de noviembre de 2015 la entidad Gestión de Marcas Audiovisuales, S.A. presentó solicitud de concurso necesario ante el Juzgado de lo Mercantil de Valladolid, que dictó auto del 15 de enero de 2016 declarando el concurso y su conclusión por falta de masa activa. Dicha resolución fue revocada por la Audiencia Provincial en grado de apelación, dictando el Juzgado el 18 de mayo de 2016 un nuevo auto dando trámite al concurso, suspendiendo las facultades del órgano de administración y designando como administrador concursal a Gustavo Vallejo Robles. Al no encontrarse en el domicilio que constaba en el Registro como de la entidad Desarrollos de Hostelería Gran Vía, S.L., un despacho de abogados, el administrador concursal le remitió al administrador único (Jesús Ángel), el 16 de junio de 2016, un burofax, que dirigió también a la persona que con anterioridad había sido administrador mancomunado con él (Elías). El 22 de junio de 2016 una persona que dijo ser un familiar de Jesús Ángel envió un escrito al Juzgado de lo Mercantil en el que indicaba que Jesús Ángel estaba enfermo y no podía dar cumplimiento al requerimiento de aportación de documentos en el plazo que le había señalado, que fue ampliado infructuosamente (los documentos finalmente no fueron aportados). En consecuencia, el administrador concursal, pese a las gestiones realizadas, no contó con más información que la que constaba en el Registro Mercantil, en el que las últimas cuentas presentadas eran las correspondientes al año 2013. El 27 de Julio de 2016 presentó finalmente escrito al Juzgado de lo Mercantil en el que solicitaba la conclusión del concurso y el archivo de las actuaciones por inexistencia de masa activa acreditada, bienes o derechos susceptibles de reintegración o

---

67. BENÍTEZ ORTÚZAR, «Frustración...», cit., p. 591.
68. FARALDO CABANA, «Vuelta...», cit., p. 65; FRANCÉS LECUMBERRI, «El delito...», cit., p. 24.
69. GUTIÉRREZ PÉREZ, *Alzamiento...*, cit., pp. 652 y 653.

fundamentos sólidos para el ejercicio de acciones a tal fin. El Juzgado dictó auto el 19 de octubre de 2016 en el que acordaba la conclusión del concurso por inexistencia de masa activa. La sentencia trae en aplicación, en primer lugar, el apartado 6.° del art. 259.1 CP, «pues con las conductas reflejadas en él, concretadas en la falta de contabilidad o infracción de la normativa contable, el sujeto activo empresario, como titular de una actividad económica y obligado a la llevanza de contabilidad, dificultó el conocimiento de la situación económico-real del deudor, con la intención... de ocultar su situación financiera o patrimonial, en estado de insolvencia, con infracción del PGC y demás normativa concordante». Ahora bien, a juicio de la Sala cabía también acudir a los tipos del apartado 7.° —«pues con la ocultación de la documentación que el agente debe llevar, entre otros el Libro de Socios (al tratarse de una SRL), de Actas, el de contratos entre la empresa y el socio o el de facturas a efectos de IVA, se impidió en el caso conocer su situación económica»— y 8.° —«pues con su conducta omisiva respecto a la presentación de las cuentas de Desarrollo del año 2.014 y siendo ya él administrador único desde el 4-7-2.014, incumplió formalidades contables a él exigidas, impidiendo otra vez y en el caso conocer la situación económico-real de la concreta mercantil»—. Finalmente, resolvió aplicar asimismo el apartado 9.°, «auténtica cláusula de cierre dirigida al empresario escasamente diligente con sus deberes profesionales, a partir en el caso de una conducta omisiva por parte del recurrente, constitutiva de infracción grave de su deber de diligencia en la gestión de los asuntos económicos, tendentes a disminuir el patrimonio del deudor, incluso que oculte la situación real empresarial o económica».

2.2. Tipo objetivo de la insolvencia punible causal (art. 259. 2 CP)

El apartado 2 del art. 259 traspasa la frontera del peligro para los intereses de los acreedores para convertirse en un delito de lesión y resultado[70]. Hasta la tramitación de la LO 1/2015, de 30 de marzo, en el Senado se incluía como una modalidad agravada —con penas de dos a seis años— aplicable en los supuestos en que alguna de las conductas del apartado primero del art. 259 causaba o agravaba la situación de insolvencia. A resultas de dicha tramitación, la agravación devino atípica y las conductas siempre tendrán que producir un resultado: causarla. La penalidad es, en cualquier caso, idéntica a la contemplada en el art. 259. 1.

Las modalidades de conducta coinciden, en principio, con las del anterior, si bien, como se ha indicado, la redacción típica exige que provoquen la insolvencia del deudor. La diferencia en la configuración del injusto típico, que los hace incompatibles entre sí, refuerza los argumentos político-criminales que sirven para justificar la intervención penal en relación con el apartado 1, pero cuestiona el sometimiento de ambos al mismo régimen punitivo[71].

---

70.   MARTÍNEZ-BUJÁN PÉREZ, *Derecho penal económico...*, cit., pp. 151 y 153; MONGE FERNÁNDEZ, *El delito...*, cit., pp. 120 y 121; FEIJOO SÁNCHEZ, B., *Orden socioeconómico y delito. Cuestiones actuales de los delitos económicos*, BdeF, Buenos Aires, 2016, p. 18.

71.   No parece razonable que la exigencia de imputación objetiva de la insolvencia a la acción típica no tenga ningún impacto en la gravedad de la sanción: GÓMEZ LANZ, «Las insolvencias...»,

Para un sector doctrinal el hecho de que, por imperativo del art. 259. 4, la tipicidad de las conductas descritas en el art. 259. 1 siempre deba venir condicionada a la existencia de una insolvencia —bien porque se haya declarado así en el concurso, bien porque el deudor no pueda cumplir con regularidad sus obligaciones exigibles—, obliga a circunscribir la aplicación del art. 259. 2 a los casos de conversión de una insolvencia inminente en actual[72]. Para otras opiniones, en cambio, la única consecuencia que debe extraerse del art. 259. 4 —a estos efectos— es la necesidad de verificar el cumplimiento de la condición una vez provocado el resultado, que habrá de entenderse como la causación de una insolvencia actual[73] o, también, inminente[74] (e imputarse objetivamente al comportamiento del deudor). A esa conclusión se llega, también, argumentando con relación a la alusión del art. 259. 2 a la producción de la insolvencia «mediante alguna de las conductas a que se refiere el apartado anterior», cuyo sentido no sería el de exigir que el deudor las llevase a cabo, además, «encontrándose en una situación de insolvencia actual o inminente», esto es, cumpliendo el presupuesto que condiciona su relevancia penal en el marco del art. 259.1[75].

Prima facie, para darle vida al delito será suficiente con la constatación de que alguno de los actos puntuales previstos en el primer apartado —también los casos de quiebra no planeada, que responden más a una mala o arriesgada gestión empresarial, atípicos en el marco del art. 260 en su redacción anterior a la LO 1/2015[76]— ha provocado la situación de insolvencia actual, con el consiguiente perjuicio económico[77]. De las conductas descritas en aquel y que pueden «causar» la insolvencia —a todas luces las descritas en los números 1.º a 5.º[78]—, aquellas que se traduzcan en una ocultación de bienes, sin comportar un perjuicio patrimonial efectivo del deudor, vendrán cubiertas ya por el tipo del alzamiento de bienes[79]. Teniendo en cuenta la semejanza de las respuestas punitivas previstas en los arts. 257 y 259.2 (prisión de uno a cuatro

cit., p. 9; QUINTERO OLIVARES, «Artículo 259», cit., p. 170. De otra opinión GUTIÉRREZ PÉREZ, que ve justificada esa asimilación habida cuenta de que en una situación de insolvencia «al acreedor únicamente le resta la satisfacción de su crédito mediante el patrimonio de deudor, por lo que todos aquellos comportamientos que no cuenten con una justificación económica o empresarial afectarán de igual modo al bien jurídico-penal»). Vid. GUTIÉRREZ PÉREZ, *Alzamiento*..., cit., pp. 262 y 263.

72. SOUTO GARCÍA, «Frustración...», cit., p. 816. Apunta esa solución, sin aludir a lo previsto en el apartado 4 del art. 259, GONZÁLEZ CUSSAC, «Delitos...», cit., p. 506.

73. MARTÍNEZ-BUJÁN PÉREZ, *Derecho penal económico*..., cit., p. 152. Requieren también la causación de una insolvencia actual GALLEGO SOLER, «Capítulo VII bis...», cit., p. 918; SÁNCHEZ DAFAUCE, *Estudio crítico*..., cit., pp. 64 y 100; GUTIÉRREZ PÉREZ, *Alzamiento*..., cit., p. 260.

74. GÓMEZ LANZ, «Las insolvencias...», cit., p. 9.

75. GÓMEZ LANZ, «Las insolvencias...», cit., p. 9.

76. SSAP A Coruña de 11 de octubre de 2004, Illes Balears de 26 de julio de 2004.

77. SOUTO GARCÍA, «Frustración...», cit., p. 817, que apunta que la necesidad del perjuicio viene corroborada por la inclusión de varios subtipos agravados basados en él; GONZÁLEZ CUSSAC, «Delitos...», cit., p. 506; MARTÍNEZ-BUJÁN PÉREZ, *Derecho penal económico*..., cit., p. 153; GALLEGO SOLER, «Capítulo VII bis...», cit., p. 918; STS de 14 de diciembre de 2018.

78. MARTÍNEZ-BUJÁN PÉREZ, *Derecho penal económico*..., cit., p. 153; PAVÍA CARDELL, J., «Los delitos...», cit., p. 832.

79. MARTÍNEZ-BUJÁN PÉREZ, *Derecho penal económico*..., cit., pp. 152 y 153; BENÍTEZ ORTÚZAR, «Frustración...», cit., p. 591.

años y multa de 12 a 24 meses y prisión de uno a cuatro años y multa de ocho a veinticuatro meses, respectivamente), no parece quedar otro ámbito para el segundo que el de las conductas que, sin ocultarlos, menoscaban los elementos patrimoniales del deudor con anterioridad a que hubiera sido declarado en concurso o a que hubiera dejado de cumplir regularmente sus obligaciones exigibles[80]. Esta solución pone en entredicho el principio de intervención mínima del Derecho Penal y su carácter subsidiario y fragmentario, que exigirían atender a los comportamientos más graves, dotados del desvalor de acción ínsito en medios comisivos ajenos situados fuera del tipo (el engaño, el fraude de los acreedores). En todo caso debe quedar claro que la previsión de la condición objetiva de punibilidad del art. 259. 4, que refleja una decisión político criminal por la que se limita el ámbito de intervención del Derecho penal, implicará la necesidad de esperar a su cumplimiento para poder sancionar las conductas típicas.

En suma, la actual redacción del precepto nos presenta a un delito de estructura compleja, dudosamente conciliable con determinados requerimientos propios del Derecho penal del Estado social y democrático de derecho y cuya interpretación depara, por consiguiente, no pocas dificultades.

2.3. Tipo subjetivo: la insolvencia punible imprudente (art. 259. 3 CP)

Apoyándose en el tenor literal del art. 260 CP 1995, y en el hecho de que el bien jurídico lo sean los intereses patrimoniales de los acreedores y de que lo injusto deba consistir, por consiguiente, en un ataque a ellos, un sector doctrinal y jurisprudencial venía exigiendo, justamente como elemento subjetivo de lo injusto, que la conducta se realizase en perjuicio de aquellos[81]. En cambio, otras opiniones entendían que era suficiente el dolo genérico, que absorbería el elemento del perjuicio[82].

El texto procedente de la LO 1/2015 dejó claro, sin embargo, que el del delito concursal no es, en línea de principio, un tipo doloso por naturaleza, con elementos subjetivos que excluyan otras consideraciones subjetivas. El tipo no exige la presencia de ningún elemento subjetivo de lo injusto más allá del dolo, que deberá abarcar todos los elementos del objetivo, entre los que se incluye la circunstancia de que el deudor se halle en una situación de insolvencia actual o inminente, en lo que toca al art. 259.1, y la orientación de su acción (u omisión) a la consecución de un estado de insolvencia, en el caso del art. 259.2. Frente a otras posibles interpretaciones, creo que lo correcto

---

80. MARTÍNEZ-BUJÁN PÉREZ, *Derecho penal económico...*, cit., p. 153.
81. RODRÍGUEZ MOURULLO, G., «Acerca de las insolvencias punibles», en ZUGALDÍA ESPINAR, J. M. / BARJA DE QUIROGA LÓPEZ, J. (coord.), *Dogmática y ley penal: libro homenaje a Enrique Bacigalupo, Vol. 2,* Marcial Pons, Madrid, 2004, p. 1156. En la jurisprudencia vid. las SSTS de 6 de junio de 2006, indicando que esa nota sería la que permitiría distinguir las insolvencias punibles de una prisión por deudas, y de 15 de marzo de 2002, que consideró que no quedaba acreditado que en «quien actúa con el propósito de incrementar su patrimonio mediante el desarrollo de su empresa» concurriera «el propósito de perjudicar a sus acreedores» y, por lo tanto, «el dolo directo que configura el carácter criminal de las conductas» del art. 260.1 CP 1995.
82. GONZÁLEZ CUSSAC, J. L., *Los delitos...*, cit., pp. 220 y ss.; NIETO MARTÍN, *El delito...*, cit., p. 180; FARALDO CABANA, «Los delitos...», cit., p. 296.

es, por ello, defender que no existen obstáculos dogmáticos para la admisibilidad del dolo eventual en todas y cada una de las figuras recogidas en el art. 259[83]. En el caso de la quinta de las modalidades contempladas en el art. 259. 1, por ejemplo, será perfectamente posible que el sujeto sólo sea consciente de la elevada probabilidad de no obtener el beneficio que se espera de la inversión efectuada y que, a pesar de ello, lleve a cabo «operaciones económicas de riesgo» sin cumplir con el deber de informarse previamente sobre la materia objeto de la decisión, que no respondan al interés social o, simplemente, que no resulten racionales (que no puedan justificarse con una explicación lógica y coherente)[84].

La reforma quiso zanjar, además, las dudas interpretativas que suscitaba la regulación anterior a propósito de la identificación de las circunstancias —siempre suficientemente acreditadas— de las que debía inferirse el dolo en los supuestos en que no era sencillo hacerlo a partir de la conducta objetivamente realizada por el sujeto[85]. El art. 259.1 ofrece ahora un elenco de hechos reveladores de la situación de insolvencia y en los que deberá encuadrarse la actuación del deudor. Puede traerse a colación en este sentido la SAP Barcelona de 5 de julio de 2017, que absolvió al no poder concluirse que los acusados actuaron con el dolo «directo, consciente y voluntario» requerido por el delito del art. 259. Según ella, en primer lugar, la realización de cualquier clase de gasto debe evidenciar un «ánimo fraudulento de perjudicar a los acreedores», y no una mera «mala gestión». En el caso de autos se les imputaba a los acusados la realización de una serie de gastos con cargo a fondos de la empresa «en beneficio propio por com-

---

83.	MARTÍNEZ-BUJÁN PÉREZ, *Derecho penal económico...*, cit., p. 153; PAVÍA CARDELL, «Los delitos...», cit., p. 835; RUIZ BLAY, G., *Análisis de los aspectos fundamentales del delito de insolvencia fraudulenta tras la reforma del Código Penal por la L.O. 1/2015*, Universidad Complutense de Madrid, Madrid, 2017, p. 296 —alertando, no obstante, sobre las consecuencias de este planteamiento en términos de «expansión llamativa del ámbito de punición»—. En la jurisprudencia puede verse, entre otras, la STS de 30 de abril de 2024, en la que se señala que «el elemento subjetivo, doloso, ha de abarcar lo que se puede considerar un doble resultado: insolvencia del deudor y perjuicio del acreedor, sin que aparezca exigible un específico elemento subjetivo tendencial de causar perjuicio a los acreedores» y que la relación «entre ese elemento subjetivo y el perjuicio de los acreedores no ha de manifestarse necesariamente como directamente encaminado a la causación de éste, pues nada impide que el incremento del riesgo se deba a un dolo eventual». GUTIÉRREZ PÉREZ, en cambio, parece acotar el campo del dolo eventual a las que llama «insolvencias punibles basadas en una gestión indebida» (aquellas en que concurren las circunstancias 2.ª, 3.ª, 5.ª y 9.ª del art. 259.1 CP). Vid. GUTIÉRREZ PÉREZ, *Alzamiento...*, cit., p. 269.

84.	Vid. GUTIÉRREZ PÉREZ, *Alzamiento...*, cit., p. 512.

85.	Vid. la SAP Barcelona de 9 de febrero de 2000 y la STS de 17 de mayo de 1997, que lo hacía del «dato objetivo de que, sin razón justificativa de clase alguna, se descapitalice la sociedad quebrada empleando para ello el mecanismo de constituir una nueva a la que se transfirieron todos los elementos existentes y propiedad de aquellas, tanto humanos como mecánicos, e incluso de clientela, con la simple sustitución del nombre comercial y el traslado del domicilio social». En su Preámbulo la Ley Orgánica 1/2015 reconoce expresamente su voluntad de delimitar, «con la finalidad de garantizar un grado de seguridad y certeza ajustado a las exigencias derivadas del principio de legalidad, las conductas prohibidas por medio de las cuales puede ser cometido el delito», tipificando para ello «un conjunto de acciones contrarias al deber de diligencia en la gestión de asuntos económicos mediante las cuales se reduce indebidamente el patrimonio que es garantía del cumplimiento de las obligaciones, o se dificulta o imposibilita el conocimiento por el acreedor de la verdadera situación económica del deudor».

pras de naturaleza personal y particular» y que no guardaban relación con la actividad desarrollada. Para la Audiencia, tales gastos (en joyerías, farmacias, electrodomésticos, textiles, zapaterías y ópticas), «por sus conceptos y periodicidad... ponen de manifiesto una mala gestión por parte de los acusados que se desarrolló de forma constante al menos durante el período de tiempo que, a efectos del concurso, ha sido objeto de estudio y análisis contable». Además, y atendiendo ya a su cuantía, continúa la resolución, «no pueden considerarse desproporcionados teniendo en cuenta los ingresos de la mercantil», que fueron decreciendo con el tiempo «a medida que la situación de la empresa empeora (cuestión diferente sería si hubiese sucedido al revés, lo que sí evidenciaría el ánimo de aumentar dolosamente la situación de crisis económica), lo que en definitiva nos lleva de nuevo, a una gestión desordenada y por lo tanto a una actuación culpable de los acusados, como así es tenida por el Administrador concursal en su informe (folio 910 de la causa) pero no hay elementos que permitan afirmar que estamos ante una conducta encaminada a minorar dolosamente el capital o el patrimonio de la mercantil por parte de los acusados». Tampoco concurriría el dolo típico en otras conductas atribuidas a los acusados. En el caso de la ejecución de obras en el domicilio de un particular y la adquisición de mobiliario sin que la empresa —a cuya costa se realizaron— emitiese factura o recibiese contraprestación alguna, «surgen dudas —puede leerse en la sentencia— respecto a si la conducta se realizó en aras a agravar una situación de insolvencia en perjuicio de los acreedores, ya que no hay elementos para considerar que se trató de una operación simulada y no real, con la consecuencia de la existencia de un crédito cobrable y exigible por la concursada que en todo caso, se habrían realizado en el año 2.006, es decir, tres años antes de la declaración de concurso, no resultando verosímil que con tanta anticipación a la presentación del concurso, se cometiese un solo hecho destinado a descapitalizar la sociedad en perjuicio de los acreedores que no hubiese sido acompañado de otros con similar intención y mayor alcance». Por su parte, aunque el pago por la administración de la propia empresa «de tres facturas emitidas el 20 de abril de 2.009, solo unos días antes de presentarse la solicitud de declaración de concurso de acreedores, por el importe total de 96.479 euros» se había justificado por el arrendamiento inexistente de un almacén, revistiendo, en consecuencia, «indicios de irregularidad», no cabe desconocer —razona la Audiencia— que, «pese a la resolución tácita del contrato de arrendamiento y a la contratación de los servicios de otra empresa, un empleado mantuvo su puesto de trabajo en la nave... de la que seguía saliendo material en función de las necesidades comerciales, trabajador que incluso permaneció durante la liquidación concursal, dando salida a la mercancía almacenada». La empresa concursada siguió, por ello, «en posesión de la nave industrial, lo que ciertamente le atribuía el derecho a percibir cierta compensación económica, aunque no fuese por el importe percibido».

Cuando las conductas típicas de los apartados 1 y 2 sean realizadas por imprudencia serán sancionadas con la pena de pena de prisión de seis meses a dos años o multa de doce a veinticuatro meses, de acuerdo con lo dispuesto en el art. 259. 3. La inclusión de sanciones para el concurso culposo en la Ley 22/2003, de 9 de julio, pone en solfa la compatibilidad de esta cláusula con el principio de intervención mínima, que, como se sabe, reclama que el Derecho penal no ha de proteger todos los bienes jurídicos, sino solo los más importantes, y no frente a cualquier tipo de ataques, sino únicamente frente a los más graves e intolerables[86].

A ese respecto conviene recordar que la jurisprudencia venía ya abundando en la idea de que los cálculos erróneos no deben acceder al sistema penal, por lo difícil de señalar momentos de toma de decisiones empresariales que no vengan precedidos por uno anterior de incertidumbre entre distintas opciones. En referencia al delito de insolvencia fraudulenta del art. 260.1 del CP 1995, en concreto, la STS de 15 de marzo de 2002 afirmó que «es necesario que el autor haya realizado actos con entidad para producir la insolvencia de una manera verdaderamente injustificable desde el punto de vista de la racionalidad mercantil» y que dicha insolvencia «debe provenir de negocios cuya reprobación jurídica sea claramente establecida». Una administración no adecuada al fin económico que se persigue, que pueda calificarse como gestión «arriesgada», nunca sería, por ello, constitutiva de delito: «un plan para adquirir una posición determinada en el mercado, basado en un cálculo económico y financiero erróneo no es todavía insuficiente para configurar los elementos del tipo objetivo». Además, cabe dudar razonablemente de que la sanción penal de una gestión empresarial imprudente sea respetuosa con el derecho a la propiedad privada y la libertad de empresa en el marco de una economía de mercado, proclamado en el art. 38 de la Constitución[87]. Por todo ello, un sector doctrinal ha propuesto, *de lege ferenda*, restringir el tipo a los supuestos de causación o agravación de la insolvencia[88].

Ahora bien, y más allá de que, efectivamente, suponga un ejemplo claro de extensión desmesurada del Derecho penal para irrumpir en un ámbito que debería reservarse al Derecho mercantil, en lo que realmente debe incidirse es en la imposibilidad de conciliar la imprudencia tanto con la naturaleza «falsaria» de las conductas de los apartados 6.º a 8.º, como con el carácter eminentemente doloso de las de los apartados 1.º y 4.º[89]. La técnica empleada en la redacción de la cláusula (que tampoco podría ponerse en relación con los tipos agravados del art. 259 bis, al aludir exclusivamente a los apartados 1 y 2 del art. 259) es claramente defectuosa.

Suele indicarse que, por consecuencia de la decisión del legislador de 2015 de situar la imprudencia leve extramuros del Código penal, las únicas modalidades sujetas a la

---

86.   QUINTERO OLIVARES, «Insolvencias...», cit., p. 751; BENÍTEZ ORTÚZAR, «Frustración...», cit., p. 592; RUIZ BLAY, *Análisis*, cit., p. 333, aludiendo a la contundencia de las medidas previstas en la jurisdicción civil-mercantil contra las actuaciones imprudentes de los administradores que provocan la declaración de concurso y a la incoherencia técnica de castigar en sede de delito concursal lo que no se ha tipificado en relación con la administración desleal del art. 252, delito que pivota sobre conductas que «por lo general, terminan siendo similares».

87.   En esta línea GALLEGO SOLER, «Capítulo VII bis...», cit., p. 918; GÓMEZ LANZ, «Las insolvencias...», cit., p. 9.

88.   GONZÁLEZ CUSSAC, «Delitos...», cit., p. 507; GÓMEZ LANZ, «Las insolvencias...», cit., p. 10; SOUTO GARCÍA, «Frustración...», cit., p. 837; SÁNCHEZ DAFAUCE, «Insolvencias...», cit., p. 760.

89.   BENÍTEZ ORTÚZAR, «Frustración...», cit., p. 592; PAVÍA CARDELL, «Los delitos...», cit., p. 837.

disciplina del art. 259. 3 serán las realizadas con imprudencia grave[90]. El argumento puede reforzarse con lo apuntado por PAVÍA CADELL en el sentido de que la pena máxima de prisión con se castiga el delito imprudente —2 años— supera la pena mínima de prisión del delito doloso —1 año—[91]. Para su calificación los jueces y tribunales atenderán a los criterios habituales en el ámbito de la delincuencia culposa.

2.4. Iter criminis

La especial configuración típica del delito concursal, que incluye una condición objetiva de punibilidad, debería implicar que no resulte posible apreciar formas de ejecución intentada[92]. EL TRLC permite, sin embargo, que en los supuestos de concurso voluntario el deudor siga administrando sus bienes después de que se haya producido la declaración de concurso (art. 106.1). Al margen de otras consideraciones sobre el modelo de tutela penal de los intereses de los acreedores que comporta, este dato parece confirmar que es posible reconocerles relevancia típica a los actos ejecutados con posterioridad a aquella[93]. Así, podría apreciarse la tentativa en relación con la figura del apartado 2, dada su configuración como delito de resultado.

En el caso de la del apartado 1, la heterogeneidad de las conductas que describe exigiría que la determinación del momento consumativo y, en conexión con ello, la posibilidad de castigar la tentativa deba analizarse por grupos de casos[94]. No existirán en principio inconvenientes teóricos para la admisión tanto de la inacabada como de la acabada en las que describen resultados materiales[95], así como en el tipo de omisión y resultado del número 9. Pueden aparecer dudas en relación a las modalidades de los apartados 6.º, 7.º y 8.º, al tratarse de delitos de peligro. La respuesta deberá ser negativa, sin ambages, si se defiende para ellas la naturaleza de delitos de peligro abstracto[96] o presunto. Al tipificarse una infracción de deberes contables no asociada a ninguna consecuencia perjudicial para la masa del concurso o para los intereses económicos de los acreedores (FEIJOO SÁNCHEZ), su castigo supondría una intervención excesiva y desproporcionada del Derecho punitivo, esto es, del peligro de un peligro. Si se entiende

---

90. GONZÁLEZ CUSSAC, «Delitos...», cit., p. 507; SOUTO GARCÍA, «La tutela penal...», cit., p. 168; MONGE FERNÁNDEZ, *El delito concursal...*, cit., p. 136; GALLEGO SOLER, «Capítulo VII bis...», cit., p. 918. De otra opinión GÓMEZ LANZ, «Las insolvencias...», cit., p. 16 y nota 43.
91. PAVÍA CARDELL, «Los delitos...», cit., p. 836.
92. Sobre ello vid. MARTÍNEZ-BUJÁN PÉREZ, *Derecho penal económico...*, cit., p. 158, con indicaciones bibliográficas.
93. MARTÍNEZ-BUJÁN PÉREZ, *Derecho penal económico...*, cit., p. 158. Entre quienes aceptan la posibilidad de realizar el delito en tentativa se incluye también SÁNCHEZ DAFAUCE, *Estudio crítico...*, cit., p. 117.
94. MARTÍNEZ-BUJÁN PÉREZ, *Derecho penal económico...*, cit., p. 157.
95. Así PAVÍA CARDELL, «Los delitos...», cit., pp. 820 y 823, para el que las palabras vertidas por el legislador en el Preámbulo de la LO 1/2015 a la hora de caracterizar las conductas recogidas en el art. 259. 1 («un conjunto de acciones contrarias al deber de diligencia»), por una parte, y una interpretación sistemática del art. 259.1.9.ª, por otra, abocan a exigir como elemento común a las conductas 1.ª a 5.ª una «disminución efectiva patrimonial».
96. GÓMEZ LANZ, «Las insolvencias...», cit., p. 9; FRANCÉS LECUMBERRI, «El delito...», cit., p. 25.

que acogen delitos de peligro concreto, cuya consumación requiere un resultado de dificultar la comprensión o imposibilitar la valoración de la situación patrimonial o financiera reales del deudor[97], podría llegar a plantearse algún caso de tentativa (como en el supuesto de que la existencia de una contabilidad falsa no llegue a producir ese resultado de déficit informativo, al haberse tenido conocimiento por terceros de dicha situación y, contar, por tanto, con los datos suficientes datos para valorar el riesgo que se asumía)[98].

2.5. Autoría y participación

La condición de deudor es requisito necesario para la realización de la *conducta delictiva*, por lo que quienes no la tengan —incluidos los obligados subsidiariamente al pago: fiadores, avalistas o responsables civiles subsidiarios— serán *extranei*, que —naturalmente— podrán intervenir en el delito a título de inductores, cooperadores necesarios o cómplices. A pesar de venir configurado como un delito especial propio, el delito concursal no es, sin embargo, un delito de infracción de deber, entrando en juego el incremento del riesgo no permitido como criterio de imputación del hecho al autor[99].

Las reglas contenidas en el art. 31 CP permitirán castigar a los administradores concursales, figura clave en los procesos de insolvencia y reestructuración empresarial. Conviene recordar al respecto que en los concursos voluntarios su autorización o conformidad será imprescindible para que el deudor pueda llevar a cabo determinadas acciones (art. 106 TRLC). En los concursos necesarios, en cambio, la regla general es la de la suspensión de las facultades del deudor, viniendo a asumir el administrador el control, la gestión, la administración y la disposición del patrimonio. Cabrá también la intervención —a título de autores— de los auxiliares delegados, cuyo nombramiento deberá solicitar la administración concursal, especificando las funciones a delegar y que podrían incluir «las relativas a la continuación de la totalidad o parte de la actividad del deudor» (art. 75 TRLC).

Va de suyo que en los supuestos de actuación mancomunada o colegiada no todos los administradores serán automáticamente responsables del delito, ni responderán del mismo modo, debiendo procederse a una individualización de las responsabilidades de cada uno (el art. 95 TRLC dispone que «los administradores concursales responderán solidariamente con los auxiliares delegados de los actos y omisiones lesivos de estos, salvo que prueben haber empleado toda la diligencia debida para prevenir o evitar el daño»)[100]. El deudor-representado que consiente que el representante realice la con-

---

97.   GUTIÉRREZ PÉREZ, *Alzamiento*..., cit., p. 278.
98.   Vid. el supuesto de hecho de la SAP Bilbao de 30 septiembre de 2019, recogido por GUTIÉRREZ PÉREZ, *Alzamiento*..., cit., p. 277 y nota 948.
99.   MARTÍNEZ-BUJÁN PÉREZ, *Derecho penal económico*..., cit., p. 158; MONGE FERNÁNDEZ, *El delito*..., cit., p. 264; RUIZ BLAY, *Análisis*..., cit., p. 308.
100.   MONGE FERNÁNDEZ, *El delito*..., cit., pp. 267 y 268.

ducta típica, tras haber asumido fácticamente las funciones de administración, será partícipe en comisión por omisión [101].

2.6. Tipos agravados (art. 259 bis CP)

La LO 1/2015 incluyó en el art. 259 bis CP tres subtipos agravados aplicables a «los hechos a que se refiere el artículo anterior» y cuya concurrencia determina la imposición de una pena de prisión de dos a seis años y multa de ocho a veinticuatro meses. La falta de atención legislativa a mínimos requerimientos de calidad técnica se evidencia en la equivocidad de la redacción legal, que ha dado pie a divergencias sobre la posibilidad de extender la agravación a la realización imprudente de las conductas [102].

La cualificación abarca tres circunstancias: «cuando se produzca o pueda producirse perjuicio patrimonial en una generalidad de personas o pueda ponerlas en una grave situación económica», «cuando se causare a alguno de los acreedores un perjuicio económico superior a 600.000 euros» y «cuando al menos la mitad del importe de los créditos concursales tenga como titulares a la Hacienda Pública, sea esta estatal, autonómica, local o foral y a la Seguridad Social». Adopta la forma de conducta mixta alternativa: su aplicación sólo requiere la concurrencia de una de ellas, si bien el tribunal podrá imponer justificadamente la pena en su extensión máxima para el caso de que puedan apreciarse varias.

En la primera sorprende que sean tratadas con la misma pena la causación de un perjuicio efectivo y la posibilidad de causarlo, cuando evidentemente no son equiparables [103]. Acoger una hermenéutica teleológica, entendiendo que lo relevante es que el perjuicio o peligro a que se alude lo es siempre para una pluralidad de acreedores [104], no para uno, no permite salvar el efecto distorsionador de dispensar un tratamiento igualitario a supuestos que no tienen las mismas características ni igual gravedad. También se ha censurado que no se establezca la cantidad o número de acreedores que deben haber podido sufrir el perjuicio —en su primera acepción en el diccionario RAE «generalidad» equivale a «muchedumbre», por lo que, según GALLEGO SOLER, el tipo sólo sería aplicable cuando exista una gran cantidad de ellos [105]—, ni se aporte referencia

---

101. MONGE FERNÁNDEZ, *El delito...*, cit., p. 269; MARTÍNEZ-BUJÁN PÉREZ, *Derecho penal económico...*, cit., p. 160.

102. A favor PAVÍA CARDELL, «Los delitos...», cit., p. 832; GÓMEZ LANZ, «Las insolvencias...», cit., p. 7; en contra, restringiéndola a la modalidad dolosa de los apartados 1 y 2 del art. 259: MARTÍNEZ-BUJÁN PÉREZ, *Derecho penal económico...*, cit., p. 162; SOUTO GARCÍA, «Frustración...», cit. p. 817; GONZÁLEZ CUSSAC, «Delitos...», cit., p. 508; GALLEGO SOLER, «Capítulo VII bis», cit., p. 919; BENÍTEZ ORTÚZAR, «Frustración...», cit., pp. 593 y 594.

103. GALLEGO SOLER, «Capítulo VII bis», cit., p. 919; BENÍTEZ ORTÚZAR, «Frustración...», cit., p. 594; GUTIÉRREZ PÉREZ, *Alzamiento...*, cit., p. 581, calificándola como «de peligro abstracto-concreto».

104. De forma minoritaria, por lo que alcanzo a ver, PAVÍA CARDELL pone el acento en el empleo del término «personas», que abarcaría, además de a los acreedores, a los socios de la sociedad insolvente y a los trabajadores del deudor. Vid. PAVÍA CARDELL, «Los delitos...», cit., p. 840.

105. GALLEGO SOLER, «Capítulo VII bis», cit., p. 919.

alguna para concretar cuando la situación económica puede considerarse «grave» [106]. Otras críticas que deben dirigirse a este precepto son las referidas al sinsentido de construir un tipo agravado fundamentado en la creación de un peligro para una pluralidad de acreedores, cuando la implicación de varios de ellos es, justamente, la regla general en los procesos concursales [107] y a su solapamiento con la modalidad básica del art. 259, que ya sanciona la creación de un peligro de causar un perjuicio o la causación del mismo (con anterioridad a las enmiendas del Senado, la ley de reforma restringía la agravación a los casos de creación del peligro de causar un perjuicio patrimonial relevante) [108].

La introducción de la segunda ha ido acompañada asimismo de numerosas críticas en cuanto a la exigencia de que el perjuicio supere el límite de los 600.000 euros, a la imposibilidad legal de que pueda llegarse a esa cantidad sumando el perjuicio causado a varios acreedores y, por último, a la amplitud de la descripción típica, que no precisa si el perjuicio debería ser consecuencia necesaria de la frustración de un crédito o si puede serlo de la de varios (de los que sea titular el mismo acreedor) [109].

En cuanto a la tercera, se ha puesto de manifiesto la sobreprotección del crédito de la Hacienda pública y la Seguridad Social que le subyace (es decir, lo injustificado de una agravación asociada al carácter público de los acreedores) y su diversa configuración con respecto a las agravaciones relacionadas con las deudas a la Hacienda Pública o la Seguridad Social previsto para los supuestos de alzamiento de bienes (mientras que en la modalidad agravada del art. 259 bis es suficiente con que la mitad de los créditos concursales tenga como titulares a la Hacienda Pública y a la Seguridad Social, en los casos de alzamiento del art. 257.3 se requiere que con su actuación el deudor trate de eludir una deuda u obligación derivada de la realización de un delito contra la Hacienda Pública o contra la Seguridad Social) [110]. Con relación a esto último, al haberse vinculado la agravación a un porcentaje de las deudas —y no a la deuda total que se debe a la Hacienda o Seguridad Social— podrían producirse resultados paradójicos y desproporcionados, como su empleo en casos menos graves que otros en los que no existen acreedores públicos [111].

Respetando el principio de legalidad, la circunstancia sólo podrá apreciarse cuando se tenga el listado definitivo de acreedores y quepa hablar en puridad, de créditos concursales. En consecuencia, si en el momento de formularse escrito de conclusiones

---

106.   GALLEGO SOLER, «Capítulo VII bis», cit., p. 919.
107.   GONZÁLEZ CUSSAC, «Delitos...», cit., p. 508.
108.   SOUTO GARCÍA, «Frustración...», cit. p. 818.
109.   MARTÍNEZ-BUJÁN PÉREZ, *Derecho penal económico*..., cit., p. 163; SOUTO GARCÍA, «Frustración...», cit. p. 818.
110.   GÓMEZ LANZ, «Las insolvencias...», cit., p. 10; QUINTERO OLIVARES, «Insolvencias...», cit., p. 751; MONGE FERNÁNDEZ, El delito..., cit., p. 151; GALLEGO SOLER, «Capítulo VII bis», cit., p. 919; BENÍTEZ ORTÚZAR, «Frustración...», cit., p. 594; FARALDO CABANA, «Vuelta...», cit., pp. 55 y ss.; GONZÁLEZ CUSSAC, «Delitos...», cit., p. 508; PAVÍA CARDELL, «Los delitos...», cit., p. 841.
111.   GALLEGO SOLER, «Capítulo VII bis», cit., p. 919.

provisionales, en los supuestos en que el procedimiento penal se está tramitando de forma paralela al concursal, no existe todavía informe definitivo de la administración concursal que contenga el listado, no parece que pueda recurrirse a ella[112].

Algunos autores echan en falta la previsión de una agravación para los supuestos en que las conductas fuesen ejecutadas por gestores de entidades bancarias o de crédito insolvencia que con posterioridad hubieran sido intervenidas o recibido ayuda financiera.

2.7. Relaciones entre la insolvencia punible y el alzamiento de bienes

Los hechos que hayan servido para fundamentar una condena por alzamiento de bienes ya no podrán tomarse en consideración, posteriormente, para castigar por delito concursal una vez cumplida la exigencia de la declaración civil de insolvencia contenida en el art. 259, procediendo traer en aplicación la excepción de cosa juzgada. Dicho ello, y por lo que se refiere a las relaciones concursales entre los artículos 257 y 259. 1, lo correcto será distinguir dos supuestos: en aquellos en que, después de causar su insolvencia actual o inminente, ya declarado el concurso, el deudor continúa llevando a cabo actos de ocultación o destrucción de bienes que dan vida a las conductas descritas en el art. 259. 1, habrá que aplicar la doctrina general sobre el concurso real de delitos[113]. Por el contrario, una ocultación realizada con posterioridad a una situación de insolvencia sólo puede estimarse comprendida en el art. 259. 1 CP[114].

Es posible encontrar una zona de confluencia entre el alzamiento y el delito del art. 259. 2 cuando el deudor oculta fraudulentamente sus bienes causándole un perjuicio patrimonial efectivo al acreedor, al existir una obligación crediticia exigible. Como solución más razonable habrá que considerar la de un concurso de leyes a resolver por el principio de alternatividad[115], a pesar de las dificultades para concretar el delito que lleva aparejada mayor pena cuando deba darse entrada a los tipos cualificados (el art. 259 bis prevé una penalidad superior, pero si entrasen en juego conjuntamente las circunstancias de los apartados 3 y 4 del art. 257 el límite mínimo sería superior a la del art. 259 bis).

---

112. GALLEGO SOLER, «Capítulo VII bis», cit., p. 919.
113. MARTÍNEZ-BUJÁN PÉREZ, *Derecho penal económico...*, cit., p. 167; SÁNCHEZ DAFAUCE, «Frustración...», cit., p. 490. Optan, en cambio, por un concurso aparente de normas a resolver, por consunción o especialidad, en favor del delito del art. 259 SOUTO GARCÍA, «Frustración...», cit., pp. 824 y 825; MAGDALENA CÁMARA, Aspectos..., cit., p. 120; PAVÍA CARDELL, «Los delitos...», cit., p. 832.
114. MARTÍNEZ-BUJÁN PÉREZ, *Derecho penal económico...*, cit., p. 167, defendiendo esta misma solución para los supuestos de realización de actuaciones de ocultación y destrucción del patrimonio tras la insolvencia, en que la técnica del tipo mixto alternativo utilizada en el art. 259.1 permitiría apreciar un solo delito. De otra opinión, reconduciéndolos al concurso ideal de delitos, SÁNCHEZ DAFAUCE, *Estudio crítico...*, cit., p. 147.
115. MARTÍNEZ-BUJÁN PÉREZ, *Derecho penal económico...*, cit., p. 168; DE LA MATA BARRANCO, «Frustración...», cit., p. 317; GUTIÉRREZ PÉREZ, *Alzamiento...*, cit., pp. 664 y 665.

Las relaciones entre los delitos de los artículos 259 y 260 serán de concurso aparente de normas (el injusto del primero recoge todo el desvalor del hecho cuando el deudor, además de otorgar preferencia a determinados créditos, incremente su pasivo, provocando o agravando su situación de insolvencia) o de delitos (si la conducta no trae consigo ninguna disminución del pasivo, vulnerando sólo la *par conditio concurrentium*)[116]. Igualmente deberá aplicarse con carácter preferente el delito concursal cuando la presentación de datos falsos del art. 261 revista un carácter meramente instrumental. Aunque algunos autores son partidarios de apreciar un concurso de delitos[117], debe dársele la razón a quienes identifican aquí un supuesto de progresión en el ataque al bien jurídico[118]. La eventual concurrencia de la presentación de datos falsos con una tentativa de delito concursal ha de resolverse conforme a la regla de la alternatividad, aplicando la pena del más grave de los delitos: el del art. 261[119].

Cuando la consumación del tipo del art. 259 suponga la realización de una malversación de caudales públicos, por haber cometido el administrador concursal una apropiación indebida o un delito de administración desleal con relación a la masa concursal o a los intereses económicos de los acreedores (por ejemplo por haber alterado el orden de pagos de los créditos establecidos en la ley), una aplicación a usos privados o un favorecimiento de acreedores, el conflicto habrá de solventarse haciendo uso del principio de alternatividad (art. 8.4 CP). Cuando vengan en aplicación los tipos de los arts. 434 ó 432 bis, así como en caso de que las conductas se hubieran perpetrado por imprudencia, la condición de delito prevalente le corresponderá, así, al del art. 259[120].

2.8. Régimen de perseguibilidad (art. 295.5 inc. primero CP)

No existen condiciones procesales para exigir la responsabilidad penal de los deudores (o de quienes hayan actuado en su nombre) por el delito concursal y los delitos singulares relacionados con él: conforme al art. 259. 5 su persecución podrá iniciarse «sin necesidad de esperar a la conclusión del proceso civil y sin perjuicio de la continuación de este»; y según dispone el 259. 6 —y reitera el art. 462 TRLC— «en ningún caso, la calificación de la insolvencia en el proceso civil vincula a la jurisdicción penal». Las principales críticas que deben dirigirse a la autonomía de la calificación penal de la insolvencia son las referidas a las enormes dificultades que le supone a un juez no especializado en materia mercantil o contable determinar la situación de insolvencia[121] y a la contradicción en que entraría el ordenamiento jurídico consigo mismo en aquellos

---

116.   NIETO MARTÍN, *El delito*..., cit., p. 146; GONZÁLEZ CUSSAC, J. L., *Los delitos de quiebra*, Tirant lo Blanch, Valencia, 2000, pp. 239 y 240. SÁNCHEZ DAFAUCE entiende que la relación entre las figuras de los arts. 259 y 260.2 es siempre de concurso de delitos. Vid. SÁNCHEZ DAFAUCE, *Estudio crítico*..., cit., pp. 122 y 123.

117.   QUINTERO OLIVARES, «Artículo 261», cit., p. 183.

118.   MARTÍNEZ-BUJÁN PÉREZ, *Derecho penal económico*..., cit., p. 170; GONZÁLEZ CUSSAC, *Los delitos*..., cit., p. 240.

119.   NIETO MARTÍN, *El delito*..., cit., p. 147.

120.   MARTÍNEZ-BUJÁN PÉREZ, *Derecho penal económico*..., cit., pp. 170 y 171; SÁNCHEZ DAFAUCE, *Estudio crítico*..., cit., pp. 126 y 127.

121.   PAVÍA CARDELL, «Los delitos...», cit., pp. 844 y 845.

supuestos en que ambas jurisdicciones, actuando en paralelo, llevaran a cabo determinaciones de hechos o valoraciones discordantes [122]. Esta última podría, quizá, limitarse considerando que la declaración civil de insolvencia fraudulenta no conlleva necesariamente la existencia de un delito concursal (las sentencias penales firmes sí deben vincular al juez civil) [123]. En virtud de la interpretación gramatical y teleológica que entiendo más correcta, la expresión «delitos singulares relacionados» debe ponerse en relación con lo previsto en el art. 17.3 LECrim y concluirse, así, que abarca aquellos que están en conexión instrumental o material con la creación o aumento de la situación de insolvencia: fundamentalmente las falsedades, los alzamientos y las apropiaciones indebidas [124]. Para prevenir posibles conflictos de competencias, alineándose con lo preceptuado por el art. 259. 5, el art. 519 TRLC establece una excepción a la regla de la denominada prejudicialidad penal («la incoación de procedimientos criminales relacionados con el deudor o por hechos que tuvieran relación o influencia en el concurso de acreedores no provocarán la suspensión de la tramitación de este, ni de ninguna de las secciones en que se divide»).

2.9. Responsabilidad civil y medidas cautelares (art. 295. 5 inc. segundo CP)

En su inciso segundo, el art. 259. 5 CP contiene una regla especial para la determinación de la responsabilidad civil derivada del delito concursal, estableciendo que el importe de la responsabilidad civil derivada de los delitos singulares relacionados con aquel deberá incorporarse, «en su caso», a la masa destinada a satisfacer a los créditos de los acreedores. Se ha señalado que su sentido es el de evitar que el juez penal sucumba a la tentación de sumarse a lo decidido por el civil, así como el que las limitaciones de prueba y especialidad del objeto del procedimiento concursal «no aseguren la impunidad o el mejor trato punitivo del deudor concursado sometido a un procedimiento penal» [125]. Se le ha dado una especial trascendencia a la expresión «en su caso», que para algunas opiniones tiene el sentido de permitirle al juez ordenar la indemnización o reparación integrantes de la responsabilidad civil derivada de dichos delitos [126], en tanto que otras la entienden referida a los casos en que, por ser el deudor una persona jurídica, la responsabilidad penal recaerá sobre las personas físicas que actúan en su nombre [127].

---

122. Vid. CUGAT MAURI, «Impacto...», cit., p. 2; PAVÍA CARDELL, «Los delitos...», cit., p. 845; QUINTERO OLIVARES, «Artículo 259», cit., p. 174.
123. RODRÍGUEZ MOURULLO, «Acerca...», cit., pp. 1170 y 1171; MARTÍNEZ-BUJÁN PÉREZ, *Derecho penal económico...*, cit., p. 174.
124. MARTÍNEZ-BUJÁN PÉREZ, *Derecho penal económico...*, cit., p. 173. De otra opinión QUINTERO OLIVARES, «Artículo 259», cit., p. 173, reservando la condición de acreedor a quienes la tengan, justamente, por resultar perjudicados por delitos que hayan aumentado la insolvencia o que correspondan a las relaciones de comercio o actividades industriales ordinarias.
125. PAVÍA CARDELL, «Los delitos...», cit., p. 846 y nota 49.
126. GONZÁLEZ CUSSAC, Los delitos..., cit., p. 244.
127. MONGE FERNÁNDEZ, *El delito...*, cit., p. 298; SÁNCHEZ DAFAUCE, *Estudio crítico...*, cit., p. 144.

Finalmente, el art. 520 TRLC establece la posibilidad de que el juez del concurso decrete como medidas cautelares, una vez «admitida a trámite querella o denuncia criminal contra el deudor o por hechos que tuvieran relación o influencia en el concurso» y siempre «a solicitud del juez o tribunal de orden jurisdiccional penal», la retención de pagos a los acreedores inculpados o cualquier otras «de carácter penal patrimonial que afecte a la masa activa». Dichas medidas «en ningún caso deben impedir continuar la tramitación del procedimiento concursal, y se acordarán del modo más conveniente para garantizar la ejecución de los pronunciamientos patrimoniales de la eventual condena penal», no pudiendo «alterar o modificar la clasificación de los créditos concursales, ni las preferencias de pago establecidas en esta ley».

III. FAVORECIMIENTO INJUSTIFICADO DE ACREEDORES (ART. 260.1 CP)

El art. 260 incluye dos modalidades de favorecimiento indebido de acreedores. El apartado 2 sanciona el mismo delito de favorecimiento que describía el art. 259 en su redacción anterior a la reforma de la LO 1/2015. En el primer apartado se contempla una modalidad de nuevo cuño, cuyo referente principal en el derecho comparado parece hallarse en el § 283.e) del Código penal alemán y a la que se asigna una pena sensiblemente inferior. En punto a ella la opción político-criminal ha sido, como se verá, la del adelantamiento de la intervención penal a actuaciones de carácter preconcursal y extraconcursal [128].

Con anterioridad a la reforma, la doctrina y la jurisprudencia mayoritarias abogaban por la atipicidad, en el marco del art. 257, de los supuestos en que el deudor llevaba a cabo pagos a unos acreedores en vez de a otros, sin llegar a causar su insolvencia [129]. En apoyo de esa solución se traía el argumento de que no superaban los ámbitos de riesgo permitido a partir de cuyo reconocimiento debe articularse la intervención penal en materia de alzamiento de bienes (en el entendimiento de que el deber del deudor de no empeorar las expectativas patrimoniales de sus acreedores encuentra su límite en su propia libertad para decidir entre sus deudas y acreedores) [130]. Ello explica, probablemente, que la descripción típica vigente incluya exigencias y condiciones que, por otra parte, no hacen otra cosa que acentuar su estrechísima relación con el delito de insolvencia punible del art. 259.1, entre cuyas modalidades podría haberse integrado sin forzamientos de ninguna clase [131]: a) el deudor debe encontrarse «en una situación de insolvencia actual o inminente» que debe valorar el juez de lo penal, una vez que no se

---

128.   Vid. ESQUINAS VALVERDE, P., «La nueva regulación de los delitos de alzamiento de bienes en el Anteproyecto de Código penal de 2012/2013», *La Ley Penal*, n.º 105 (2013), p. 66.

129.   VIVES ANTÓN, T. S. / GONZÁLEZ CUSSAC, J. L., *Los delitos de alzamiento de bienes*, Tirant lo Blanch, Valencia, 1998, p. 128; GÓMEZ LANZ, «Las insolvencias...», cit., p. 12.

130.   Vid. PAREDES CASTAÑÓN, J. M., «Lo subjetivo y lo objetivo en el tipo de alzamiento de bienes» en QUINTERO OLIVARES, G., / MORALES PRATS, F. (coord.), *El nuevo derecho penal español. Estudios penales en memoria del profesor Valle Muñiz*, Aranzadi, Navarra, 2001, pp. 1656 y 1657.

131.   PAVÍA CARDELL, J., «Los delitos...», cit., p. 848; GUTIÉRREZ PÉREZ, *Alzamiento...*, cit., p. 632.

exige que el concurso haya sido siquiera admitido a trámite [132]; b) ha de favorecer a un acreedor realizando un acto de disposición patrimonial o generador de obligaciones destinado a pagar un crédito no exigible o a facilitarle una garantía a la que no tenía derecho —por ejemplo, constituyendo una garantía hipotecaria o una prenda sin desplazamiento o modificando el carácter de un crédito no privilegiado a privilegiado—; y c) la operación tendrá que carecer «de justificación económica o empresarial», cláusula esta que obligará a valorar supuesto a supuesto las circunstancias concurrentes «por si desde el punto de vista económico o empresarial el deudor tenía un motivo» para realizarla [133].

El favorecimiento debe interpretarse tomando como referencia la expresión «pagar a uno o varios acreedores... con posposición del resto», utilizada en el art. 260.2. Naturalmente, con carácter previo deberá constatarse que los acreedores sean reales [134]. De no ser así deberá aplicarse el delito concursal del art. 259 CP, por tratarse de un caso de aumento ficticio del pasivo. Téngase presente empero que este último presupone que la insolvencia o se haya declarado en un proceso concursal o sea actual. Fuera de esos supuestos, la única posibilidad de sancionar penalmente las actuaciones del deudor será trayendo en aplicación el tipo del alzamiento de bienes, naturalmente una vez que hayan causado la insolvencia [135].

Otros elementos típicos coinciden con los recogidos en preceptos que ya han sido objeto de análisis: «insolvencia actual o inminente» (en el art. 259 CP) y «realizar un acto de disposición patrimonial o generador de obligaciones destinado a pagar» (en el art. 257.1.2.º).

Llama la atención el hecho de que respecto de este delito no rija el requisito de procedibilidad de carácter económico (art. 259. 4) al que sí se sujetan las conductas descritas en el art. 259. 1. En opinión de algún autor, la exigencia de que el deudor se halle en la precitada situación de insolvencia (actual o inminente) implica ya materialmente su cumplimiento [136]. Entiendo, no obstante, que, justamente en la medida en que el tipo incorpora como presupuesto la existencia de una insolvencia inminente, será perfectamente posible realizarlo aunque el deudor esté haciendo frente a sus obligaciones con regularidad (obviamente siendo absolutamente previsible que dejará de hacerlo con carácter inmediato) [137].

---

132. SOUTO GARCÍA, «Frustración...», cit., p. 820; GUTIÉRREZ PÉREZ, *Alzamiento*..., cit., p. 290.
133. PAVÍA CARDELL, «Los delitos...», cit., p. 849. En la misma línea GALLEGO SOLER, «Capítulo VII bis», cit., p. 920; MARTÍNEZ-BUJÁN PÉREZ, *Derecho penal económico*..., cit., p. 179, defendiendo la atipicidad —al concurrir justificación suficiente— del favorecimiento a uno de los acreedores cuando ninguna de las deudas fuera todavía exigible.
134. MARTÍNEZ-BUJÁN PÉREZ, *Derecho penal económico*..., cit., p. 179; PAVÍA CARDELL, «Los delitos...», cit., p. 848.
135. SOUTO GARCÍA, «Frustración...», cit. p. 821.
136. GÓMEZ LANZ, «Las insolvencias...», cit., p. 12.
137. Vid. BENÍTEZ ORTÚZAR, «Frustración...», cit., pp. 595 y 596; SÁNCHEZ DAFAUCE, «Insolvencias...», cit., p. 762 y ss.; ESQUINAS VALVERDE, «La nueva...», cit., p. 16.

IV. FAVORECIMIENTO ILÍCITO DE ACREEDORES (ART. 260.2 CP)

El delito descrito en el art. 260. 2 ocupa una zona intermedia entre el alzamiento de bienes y el delito concursal [138] y lleva aparejado un régimen punitivo muy semejante al previsto en el actual art. 259. Su redacción había sido objeto de reforma por la LO 15/2003, con el propósito de adaptarla a la Ley 22/2003, de 9 de julio. Tras la entrada en vigor del Texto Refundido de la Ley Concursal, aprobado por Real Decreto Legislativo 1/2020, de 5 de mayo, y su posterior modificación por la Ley 16/2022, de 5 de septiembre, la normativa de complemento del tipo debe buscarse principalmente en los artículos 106.1 y 106.2, por una parte, y 10.2 y 14.2, por otra, del TRLC. El primero indica que, en caso de concurso voluntario, el deudor mantiene sus facultades de administración y disposición sobre la masa activa, si bien quedan sujetas a la intervención del administrador concursal, «que podrá autorizar o denegar la autorización según tenga por conveniente». El 10.2 alude a la suspensión del ejercicio de las facultades de administración y disposición del administrador y a su reemplazo por los administradores concursales en los supuestos de concurso necesario. Con arreglo al 14.2.1.º, en tercer lugar, en los supuestos en que el concurso haya sido solicitado por el acreedor, si la solicitud se basa en la existencia de una previa declaración judicial administrativa firme de insolvencia del deudor, de un título por el que se hubiera despachado ejecución o apremio sin que hubieran resultado del embargo bienes libres bastantes para pagar o de embargos por ejecuciones pendientes que afecten de manera general al patrimonio del deudor, «el juez declarará el concurso de acreedores el primer día hábil siguiente»; en cambio, si se basa en alguno de los hechos externos reveladores del estado de insolvencia indicados en el propio TRLC distinto de los anteriores o si la solicitud procediera de cualquier otro legitimado, «el juez el primer día hábil siguiente dictará auto admitiéndola a trámite, ordenando el emplazamiento del deudor, con traslado de la solicitud, para que comparezca en el plazo de cinco días, dentro del cual se le pondrán de manifiesto los autos y podrá formular oposición a la solicitud, proponiendo los medios de prueba de que intente valerse» (art. 14.2.2.º).

La razón de ser del precepto parece estar en la necesidad de prevenir la connivencia del deudor con algún acreedor para dar al traste con la preferencia de la ejecución de los créditos. El bien jurídico protegido lo constituirá, por ello, el derecho de los acreedores a que se garantice una ordenada satisfacción de los mismos y a que se preserve la igualdad de trato entre ellos con arreglo a las reglas sentadas en el procedimiento concursal [139]. Algunas opiniones doctrinales califican de injustificada la intervención

---

138.   VIVES ANTÓN / GONZÁLEZ CUSSAC, *Los delitos*..., cit., pp. 126 y 127.
139.   VIVES ANTÓN / GONZÁLEZ CUSSAC, *Los delitos*..., cit., p. 128; BAJO FERNÁNDEZ / BACIGALUPO ZAPATER, *Derecho penal económico*, cit., p. 396; MARTÍNEZ-BUJÁN PÉREZ, *Derecho penal económico*..., cit., p. 181; SOUTO GARCÍA, «Frustración...», cit. p. 820; GONZÁLEZ CUSSAC, «Delitos...», cit., p. 508; PAVÍA CARDELL, «Los delitos...», cit., pp. 847 y 850; SAP Valencia de 7 de mayo de 1998.

penal para castigar la mera quiebra del principio de la *par conditio creditorum*[140]. Otras, también desde un planteamiento crítico, ponen el acento en el dato de que los actos de disposición llevados a cabo sin autorización judicial o de modo contrario a los arts. 106.1 y 106. 2 TRLC son meramente anulables, concibiendo el delito como un mero instrumento de tutela del normal funcionamiento de la Administración de Justicia[141].

Para la aplicación del tipo es preciso que concurran tres requisitos: a) que se haya admitido a trámite la solicitud de concurso; b) que el deudor lleve a cabo un acto de disposición patrimonial o que genere obligaciones, dirigido a pagarles a uno o a varios acreedores (preferentes o no) con posposición de los restantes; y c) que no exista autorización, ni judicial ni por parte de los órganos concursales, para llevar a cabo dicho acto.

Requisito de procedibilidad del delito —que lo diferencia del delito concursal— es la admisión a trámite de la solicitud de declaración del estado de insolvencia[142]. Desde el punto de vista de su —necesaria— integración con la normativa concursal, parece que el tipo tan sólo podría cobrar sentido si esa admisión se hace equivalente al auto judicial de declaración del concurso al que aluden los arts. 10.2 y 14.2.1.º TRLC[143], equiparación ya sancionada, por otra parte, por los arts. 14.3 y 31.1 TRLC a los efectos de proceder a la formación de la sección primera del procedimiento de declaración. Cuestiones de procedibilidad al margen, para un sector doctrinal los supuestos en que no llega a producirse la declaración de concurso carecerían de idoneidad para afectar al bien jurídico[144].

1. TIPO OBJETIVO

La *conducta delictiva* coincide punto por punto con la incluida en los tipos de los arts. 257. 1. 2.º y 260. 1. Su nota más característica es la necesidad de que el pago o la contracción de obligaciones se hagan en favor de uno o varios acreedores reales anteriores al proceso concursal[145].

---

140. QUINTERO OLIVARES, «Artículo 260», en QUINTERO OLIVARES, G. (dir.), *Comentarios al Código penal español*, Tomo II, 7.ª ed., Aranzadi, Cizur Menor, 2016, p. 180, subrayando que su transgresión debe ser materia exclusivamente del derecho concursal, «simplemente por respeto a la reserva de funciones que le corresponden al Derecho penal».

141. GALLEGO SOLER, «Capítulo VII bis», cit., p. 921.

142. GALLEGO SOLER, «Capítulo VII bis. De las...», cit., p. 921.

143. SOUTO GARCÍA, «Frustración...», cit., p. 821.

144. PAVÍA CARDELL, «Los delitos...», cit., p. 852. En contra, GALLEGO SOLER, «Capítulo VII bis», cit., p. 921.

145. GALLEGO SOLER, «Capítulo VII bis. De las...», cit., p. 920; GONZÁLEZ CUSSAC, «Delitos...», cit., p. 508; SOUTO GARCÍA, «Frustración...», cit., p. 820. De introducir el deudor un crédito en la masa contrayendo una obligación inexistente o de realizar un pago a quien no era acreedor con anterioridad a la admisión a trámite de la solicitud de la declaración judicial de insolvencia vendrá en aplicación el art. 259, si se hubiera producido la declaración judicial de concurso, o el tipo del alzamiento de bienes, en otro caso. Vid. MARTÍNEZ-BUJÁN PÉREZ, *Derecho penal económico...*, cit., p. 186.

En la descripción legal se han introducido sendos elementos normativos de formulación negativa relacionados con la realización del acto de disposición o generador de obligaciones: que se lleve a cabo sin autorización judicial o de los administradores concursales y «fuera de los casos permitidos por la Ley». La incorporación de ambas exigencias no debe considerarse una redundancia[146], desde el momento en que es posible adjetivar determinadas acciones típicas como «no autorizadas» pero, al propio tiempo, como ajustadas a la normativa extrapenal. Es el caso de los actos (de disposición o generadores de obligaciones) previstos en el art. 111.2 TRLC, es decir, los que, sujetándose «a las condiciones normales del mercado», sean imprescindibles para la continuación de la actividad del deudor (y que este destine a pagar a uno o varios acreedores tras la admisión a trámite de la solicitud de concurso).

Por lo que se refiere específicamente a la cláusula de autorización, se actuará sin ella, además de en las ocasiones obvias en las que no se tiene ninguna, cuando se cuenta con una que no reúne los requisitos legalmente exigidos. La norma de remisión es, evidentemente, el TRLC, que, junto con los supuestos en que el deudor conserva las facultades de administración y disposición sobre su patrimonio precisando únicamente la autorización o conformidad de los administradores concursales (art. 106.1), menciona otros en que requiere de una autorización particular (arts. 119.1, en relación con la interposición de demandas o recursos que puedan afectar a la masa activa, o 112, en cuanto al ejercicio de su actividad profesional o empresarial) o judicial (imprescindible para la realización directa de los bienes y derechos afectos a créditos con privilegio especial —art. 210.1— y para la enajenación directa o a través de persona o de entidad especializada —art. 216—). Una vez obtenida, la tipicidad del hecho no puede hacerse depender de que, con posterioridad a la realización del acto de disposición que se trate, pueda establecerse que no era autorizable y, en consecuencia, anularse[147].

2. TIPO SUBJETIVO

Al incluirse en el tipo la exigencia de que el acto se destine a pagar a uno o varios acreedores se está restringiendo la intervención penal a los casos en que el deudor actúa con esa finalidad específica[148], de modo que el pago debería referirse a la fase de agotamiento del delito. Otras opiniones entienden, no obstante, que el legislador lo sitúa en el ámbito del tipo objetivo, identificándolo con la acción típica[149]. El error sobre cualquiera de los elementos de la descripción típica, incluyendo los normativos, deberá sujetarse a las reglas del error de tipo, que, en todo caso, conducirá a la impunidad de la conducta, al no estar prevista la modalidad imprudente.

---

146. GONZÁLEZ CUSSAC, «Delitos...», cit., p. 509; MARTÍNEZ-BUJÁN PÉREZ, *Derecho penal económico*..., cit., pp. 189 y 190. De otra opinión PAVÍA CADELL, «Los delitos...», cit., p. 854.
147. CUGAT MAURI, «Impacto...», cit., p. 3; MARTÍNEZ-BUJÁN PÉREZ, *Derecho penal económico*..., cit., p. 192.
148. VIVES ANTÓN / GONZÁLEZ CUSSAC, *Los delitos*..., cit., p. 128.
149. MARTÍNEZ-BUJÁN PÉREZ, *Derecho penal económico*..., cit., p. 187.

3.   ITER CRIMINIS

La cuestión de si el momento consumativo debe circunscribirse a aquel en que se produce un perjuicio cierto y cuantificado para los restantes acreedores suscita cierta controversia. El planteamiento que parece más correcto es el que defiende que el delito se orienta únicamente a la ordenada satisfacción de los créditos en los procesos concursales, consumándose con el acto de disposición o generador de obligaciones (que podrían realizarse perfectamente en favor de un acreedor privilegiado, al que asista el derecho de satisfacer preferentemente su crédito)[150].

4.   AUTORÍA Y PARTICIPACIÓN

Estamos ante un delito especial propio, en el que se ha limitado el círculo de la autoría a los deudores. De acreditarse su connivencia, los acreedores que se hayan visto favorecidos por la acción típica podrán responder como partícipes[151]. En opinión de algún autor, sin embargo, sería un contrasentido considerar complicidad conductas que, de haberse producido antes de la declaración del estado concursal, y dejando aparte los casos descritos en el art. 260.1, carecerían de toda relevancia penal[152]. Un concierto de voluntades entre el deudor y los administradores concursales (o los auxiliares delegados), nombrados por el juez después de que se haya declarado el concurso y de que se haya ordenado la formación de la «sección segunda», para autorizar ilegalmente el acto de disposición o generador de obligaciones prepara su calificación como cooperadores necesarios[153]. Debe recordarse también que los administradores que autorizan actos de disposición ilícitos podrían ser autores de malversación (art. 435.3), cohecho (art. 423) o, incluso, negociaciones prohibidas (art. 440).

V.   PRESENTACIÓN DE DATOS FALSOS (ART. 261 CP)

El art. 261, introducido por el Código penal de 1995 y reformado por la L. O. 15/2003, prevé una conducta falsaria realizada en el seno de un procedimiento concursal y dirigida a «lograr indebidamente la declaración de aquel», es decir, de concurso. Parte de la doctrina se ha manifestado en contra de este precepto, al que considera superfluo por incluir conductas ya subsumibles en los arts. 393, 396 y 461.2 CP[154]. Frente a esta opinión hay que recordar que el concepto de procedimiento concursal no puede ser reconducido, en ningún caso, al de «juicio»[155] y que los documentos a que se refieren

---

150.   VIVES ANTÓN / GONZÁLEZ CUSSAC, Los delitos..., cit., p. 130; MARTÍNEZ-BUJÁN PÉREZ, Derecho penal económico..., cit., p. 188; SOUTO GARCÍA, «Frustración...», cit. p. 821.

151.   VIVES ANTÓN / GONZÁLEZ CUSSAC, Los delitos..., cit., p. 129; GÓMEZ LANZ, «Las insolvencias...», cit., p. 12; SOUTO GARCÍA, «Frustración...», cit. p. 821.

152.   QUINTERO OLIVARES, «Artículo 260», cit., p. 180, apuntando la posibilidad de que la decisión del deudor pudiera ser anulada teniendo en cuenta la retroactividad de la quiebra o concurso, «si se producen».

153.   MARTÍNEZ-BUJÁN PÉREZ, Derecho penal económico..., cit., p. 192.

154.   GONZÁLEZ RUS, J. J.., «Las insolvencias punibles», en COBO DEL ROSAL, M. (coord.), Derecho Penal Español. Parte Especial, Dykinson, Madrid 2004, p. 539.

155.   RODRÍQUEZ MOURULLO, «Acerca...», cit., p. 1173.

los arts. 393 y 261 tampoco presentan características homogéneas: el primero será uno materialmente falso, en tanto que el segundo es uno verdadero, en el que lo falso es el contenido[156]. Entre las conductas típicas del delito del art. 261 y del de estafa procesal se aprecian también diferencias sustanciales[157].

La justificación para sujetar a los deudores (que son particulares) al deber de veracidad que, en línea de principio, vincula únicamente a los funcionarios se deriva de consideraciones político-criminales: la clarificación de la situación económica del deudor es del todo punto esencial para garantizar el interés de los acreedores en la satisfacción ordenada de los créditos en los procedimientos concursales[158].

El punto de partida del delito es el deber del deudor que solicita el concurso de presentar determinada documentación dirigida a reflejar su estado contable y patrimonial (arts. 6, 7 y 8 TRLC). El bien jurídico inmediatamente afectado, lo que debe colocarse en primer plano del injusto, es claramente, pues, el derecho de crédito de los acreedores afectados por las actuaciones falsarias del autor, realizadas con anterioridad o con posterioridad a la declaración de la quiebra[159], si bien algunos autores y un sector de la jurisprudencia sostienen que el tipo protege también, como interés inmediato, el correcto funcionamiento del procedimiento concursal[160].

La etiqueta dogmática que ha de aplicársele a la creación de riesgo típica dista mucho, con todo, de ser una cuestión pacífica. Para unas opiniones estamos ante un peligro concreto de que se produzca la declaración judicial de insolvencia, determinado por la presentación de un documento con datos falsos en una solicitud concreta[161]. Otras apuntan más bien a un delito de aptitud, de peligro hipotético o posible, en el que debe comprobarse la peligrosidad de la conducta para perjudicar a los acreedores[162]. Se ha indicado también que la fórmula elegida por el legislador para describir el hecho contravenie el principio de intervención mínima, al permitir subsumir en el tipo aquellos casos en que, a pesar de lo que indica su estado contable, el deudor conserva una cierta capacidad de crédito (que no puede reflejarse contablemente).

---

156.   MARTÍNEZ-BUJÁN PÉREZ, *Derecho penal económico*..., cit., p. 194.
157.   GONZÁLEZ CUSSAC, *Los delitos*..., cit., p. 252.
158.   MARTÍNEZ-BUJÁN PÉREZ, *Derecho penal económico*..., cit., pp. 194 y 195.
159.   GALLEGO SOLER, «Capítulo VII bis», cit., p. 921; MARTÍNEZ-BUJÁN PÉREZ, *Derecho penal económico*..., cit., p. 195; SOUTO RODRÍGUEZ, E., «Problemática concursal en torno al delito de presentación de datos contables falsos del art. 261 del CP», *Anuario da Facultade de Dereito da Universidade da Coruña*, n.º 9 (2005), p. 897; BENÍTEZ ORTÚZAR, «Frustración...», cit., p. 596.
160.   GÓMEZ-BENÍTEZ, J. M., *Curso de Derecho Penal de los negocios a través de casos*, Colex, Madrid 2002, p. 246; GONZÁLEZ CUSSAC, «Delitos...», cit., p. 510; SAP A Coruña de 11 de octubre de 2004.
161.   GÓMEZ-BENÍTEZ, *Curso*..., cit., p. 246. Califican la presentación de datos falsos como delito de peligro, genéricamente, BENÍTEZ ORTÚZAR, «Frustración...», cit., p. 596; GONZÁLEZ CUSSAC, «Delitos...», cit., p. 510.
162.   MARTÍNEZ-BUJÁN PÉREZ, *Derecho penal económico*..., cit., p. 196.

1. TIPO OBJETIVO

Sujeto activo lo será, según la doctrina mayoritaria, cualquiera con capacidad para instar la declaración de concurso[163]: el deudor, los integrantes del órgano de administración o liquidación y los socios personalmente responsables de las deudas de la persona jurídica —para el caso de que el deudor fuese, justamente, una persona jurídica— y, por último, y según el art. 3 TRLC, el acreedor. Un sector de la doctrina, al que me sumo, ha puesto de manifiesto la inidoneidad de este último para vulnerar el bien jurídico, al no conocer suficientemente los datos contables del deudor[164]. En los casos en que quien aparece como deudor es una persona jurídica, al amparo de la cláusula del art. 31 CP, responderán el administrador de hecho o de derecho que hubieran obrado en nombre o representación de aquella. Podrán hacerlo, asimismo, las personas legitimadas para solicitar la declaración de concurso, esto es, quienes forman el órgano de liquidación o los socios, miembros o integrantes responsables de sus deudas, cuando su posición en la empresa pueda calificarse como la de un administrador de hecho[165].

El objeto material abarca todos los datos falsos relativos al estado contable y que reflejen la comparación entre el activo y el pasivo[166], con independencia de que afecten a la situación financiera, a la fiscal o a la empresarial[167]. El art. 7 TRLC enumera los documentos que debe presentar el deudor con su solicitud de concurso, entre ellos un poder especial, una memoria expresiva de diversos extremos, un inventario de bienes y derechos, una relación de acreedores y, en su caso, «el número de trabajadores, con expresión del centro de trabajo al que estuvieran afectos, y la identidad de los integrantes del órgano de representación de los mismos si los hubiere, con expresión de la dirección electrónica de cada uno de ellos». En el art. 8 se indica que, si está obligado a llevar contabilidad, tendrá que acompañar a mayores ciertos documentos —como cuentas anuales, informes de gestión y de auditoría o memorias de los cambios significativos operados en el patrimonio o de las operaciones realizadas con posterioridad a las últimas cuentas anuales— que, sin duda, incluirán datos relacionados con su estado contable. Los datos aportados en cualquiera de ellos deben considerarse, en principio, idóneos para dar vida al delito (no así en la memoria o las certificaciones del consejo de admi-

163. FARALDO CABANA, «Los delitos...», cit., p. 311; SOUTO GARCÍA, «Problemática...», cit., pp. 905 y ss.; GONZÁLEZ CUSSAC, «Delitos...», cit., p. 511; SÁNCHEZ DAFAUCE, *Estudio crítico...*, cit., p. 135 y nota 348.
164. CUGAT MAURI, «Impacto...», cit., p. 4; MARTÍNEZ-BUJÁN PÉREZ, *Derecho penal económico...*, cit., p. 203; PAVÍA CARDELL, «Los delitos...», cit., p. 860, reconociendo que, en el caso de que el acreedor presentase documentos contables del deudor en apoyo de su solicitud de concurso, lo procedente sería que el juez la rechazase de plano.
165. MARTÍNEZ-BUJÁN PÉREZ, *Derecho penal económico...*, cit., p. 203; SOUTO GARCÍA, «Problemática...», cit., p. 907; SÁNCHEZ DAFAUCE, *Estudio crítico...*, cit., p. 135 y nota 348.
166. GÓMEZ-BENÍTEZ, *Curso...*, cit., pp. 242 y 243; MARTÍNEZ-BUJÁN PÉREZ, *Derecho penal económico...*, cit., p. 199; SOUTO GARCÍA, «Problemática...», cit., pp. 91 y 902; SAP A Coruña de 11 de octubre de 2004.
167. QUINTERO OLIVARES, G., «Artículo 261», en QUINTERO OLIVARES, G. (dir.), *Comentarios al Código penal español*, Tomo II, 7.ª ed., Aranzadi, Cizur Menor, 2016, pp. 182 y 183.

nistración, cuya falsificación y presentación podrán ser constitutivas de los delitos de los arts. 392 y 396 CP[168]).

Ya que el sujeto activo debe realizar la conducta en un procedimiento concursal «con el fin de lograr indebidamente la declaración de aquel», parece claro que el presupuesto típico viene referido a la fase de provisión sobre la solicitud[169]. Se trata de la fase procedimental que se abre tras la solicitud de declaración de concurso (con arreglo a los arts. 10 y ss. —sección 3.ª del Cap. 3.º, T. I., «De la provisión sobre la solicitud del deudor»— y 14 y ss. —sección 2.ª del Cap. 4.º, T. I., «De la provisión sobre la solicitud de acreedor y otros legitimados»— TRLC), orientada inicialmente a proveer sobre ella y que culminará con un acto de declaración del concurso o de admisión a trámite.

La conducta, de gran amplitud, viene referida a la presentación de un documento que incluya una contabilidad falseada —por el propio autor de la presentación o por un tercero— en el procedimiento concursal. Aunque suele adscribirse al grupo de las falsedades ideológicas, esto es, aquellas que afectan a la veracidad y no a la autenticidad de los documentos[170], está claro que, desde el punto de vista de la literalidad del precepto, lo que se castiga no es la confección de una falsedad contable, ni mucho menos su llevanza, sino, como se ha indicado, la acción de presentar una contabilidad falsa o fraudulenta[171]. Tampoco podrán constituir delito (del art. 261) las falsedades que se cometan en los documentos que el deudor debe poner a disposición de la administración concursal una vez declarado el concurso —los libros de llevanza obligatoria y cualesquiera otros, documentos y registros relativos a los aspectos patrimoniales de su actividad profesional y empresarial—: con ellos ya no podría conseguirse la declaración a que alude el tipo[172].

El concepto de «contabilidad falsa» es de carácter normativo y, por lo tanto, en su interpretación habrá de estarse a lo que determine la normativa —financiera, empresarial— en la materia. Teniendo en cuenta que existen diversos criterios para establecer lo que es una «contabilidad verdadera», sin embargo, lo razonable será delimitarlo de modo negativo y ponerlo en conexión con «un resultado contable al que no se puede

---

168.   GALLEGO SOLER, «Capítulo VII bis», cit., p. 921; GONZÁLEZ CUSSAC, *Los delitos...*, cit., p. 253; FRANCÉS LECUMBERRI, «El delito...», cit., p. 16. En contra FARALDO CABANA, partidaria de dar entrada a la memoria, al formar una unidad legal con las cuentas anuales. Vid. FARALDO CABANA, «Los delitos...», cit., p. 314.

169.   MARTÍNEZ-BUJÁN PÉREZ, *Derecho penal económico...*, cit., p. 199.

170.   Vid. GALLEGO SOLER, «Capítulo VII bis», cit., p. 921; GONZÁLEZ CUSSAC, «Delitos...», cit., p. 510; PAVÍA CARDELL, «Los delitos...», cit., p. 858; SOUTO GARCÍA, «Problemática...», cit., p. 898. Todos ellos apuntan que el tipo supone una excepción a la atipicidad de las falsedades ideológicas cometidas por particular en documento privado.

171.   MARTÍNEZ-BUJÁN PÉREZ, *Derecho penal económico...*, cit., p. 201; SOUTO GARCÍA, «Problemática...», cit., p. 900; PAVÍA CARDELL, «Los delitos...», cit., p. 856; SAP Zaragoza de 4 de octubre de 2009.

172.   PAVÍA CARDELL, «Los delitos...», cit., p. 859.

llegar cualquiera que sea el método empleado»[173]. Por lo demás, resulta inherente a la conducta la aptitud de la falsificación para inducir a error y alterar el tráfico jurídico.

Aunque estamos ante un delito de acción (=presentar datos contables falsos), es evidente que la conducta falsaria podría ejecutarse tanto de manera activa —trasladando al documento información no real— como omisiva —no incluyendo datos o información relevante[174]—.

2. TIPO SUBJETIVO

En contra de lo apuntado por un sector doctrinal[175], parece que deben excluirse los casos de dolo eventual: mediante la inclusión de la expresión «a sabiendas» se ha querido subrayar que la tipicidad de la conducta requiere de un dolo especialmente intenso, directo[176]. A mayor abundamiento, el art. 261 se configura claramente como un delito de mera actividad con resultado cortado, por la inclusión de un elemento subjetivo trascendente al propio dolo falsario: la finalidad de lograr la declaración de concurso [177].

La STS de 20 de abril de 2009 —referida a un administrador que, con una demanda de solicitud de pagos, acompañó el estado de situación confeccionado por él mismo «y en el resultaba una diferencia a favor del activo de 62.019.574 ptas.»— no encuentra dificultades para dar por probado el elemento subjetivo del delito. La providencia que admitió a trámite la solicitud establecía un plazo de 30 días para presentar el balance definitivo, desde que quedó constituida la intervención. En dicho balance, presentado el día 31 de enero de 1997, el administrador hizo constar «una diferencia a favor del activo de 117.137.194 ptas.». Por su parte, en el dictamen de la intervención judicial se estableció una diferencia a favor del pasivo de 491.040.495 ptas., recogida también en el auto (de 28 de abril de 1997) en el que se declaró a la sociedad en insolvencia definitiva. El Alto Tribunal sostiene que, aunque el balance «verdaderamente determinante para la prosecución del procedimiento» no era el presentado por el administrador, sino el definitivo, da por sentado que el acusado «habría de conocer al menos aproximadamente, en razón al cargo que desempeñaba en la Sociedad, el verdadero estado de cuentas de ésta», de modo que «la consciencia de la falsedad del contenido de aquel resulta obvia». A continuación, y sin mencionar la imposibilidad de prueba directa del elemento subjetivo relativo al fin de lograr la declaración de concurso y la necesidad de acudir a las inferencias, indica que «su intención, con semejante acción evidenciada, era sin duda perseguir la finalidad de la improcedente aprobación del concurso, toda vez que no cabe otra explicación para ello y teniendo en cuenta además que de esa forma

173. QUINTERO OLIVARES, «Artículo 261», cit., p. 184.
174. MARTÍNEZ-BUJÁN PÉREZ, *Derecho penal económico*..., cit., p. 202.
175. GONZÁLEZ CUSSAC, «Delitos...», cit., p. 510; MARTÍNEZ-BUJÁN PÉREZ, *Derecho penal económico*..., cit., p. 202.
176. Así lo reconoce el propio MARTÍNEZ-BUJÁN PÉREZ, *Derecho penal económico*..., cit., p. 204.
177. MARTÍNEZ-BUJÁN PÉREZ, *Derecho penal económico*..., cit., p. 204; SOUTO GARCÍA, «Problemática...», cit., p. 902.

se posibilitaba la presentación de la demanda y el dictado de la correspondiente Providencia que admitía a trámite la solicitud e incoaba el procedimiento».

3. ITER CRIMINIS

Para la consumación del delito es suficiente con la presentación de datos falsos en el procedimiento concursal, sin que sea necesario que tenga lugar la declaración formal del concurso, como ya ha quedado indicado. Estamos ante un delito de mera actividad, en el que no cabe la tentativa[178].

4. AUTORÍA Y PARTICIPACIÓN

Quienes hayan intervenido en la confección de los datos contables falsos —peritos, auditores, expertos— pueden ser partícipes en el propio delito de presentación, siempre que reúnan los requisitos exigidos para ello, incluido el conocimiento de que la falsedad se orientaba a ser presentada en un procedimiento concursal[179].

La emisión por los interventores judiciales de dictámenes falsos avalando los datos contables presentados no puede ser considerada participación, al constituir una actuación posterior a la consumación del delito. Al igual que el falseamiento de los datos llevados a cabo por otras personas en el transcurso del proceso o expediente, sí podrá ser constitutiva de un delito contra la Administración de Justicia del art. 459 (faltar a la verdad en dictamen o traducción presentada a juicio por perito o intérprete) o de la modalidad falsaria descrita en el art. 390. 4.º[180].

5. CONCURSOS

Cuando la falsedad incluida en el documento contable presentado por el deudor en el procedimiento concursal se corresponda con alguna de las descritas en los tres primeros números del art. 390 se dará un concurso aparente de leyes penales a resolver por consunción en favor del art. 261, al tratarse de un supuesto de uso (por el propio falsificador) de un documento falsificado[181]. Esta misma solución debe defenderse para los supuestos en que el sujeto activo, tras falsificar el balance previamente confeccionado de modo correcto, lo presenta en el procedimiento concursal, acto copenado con respecto a la falsedad documental del art. 392[182]. De presentar el deudor un documento materialmente falsificado por otra persona, en los términos descritos por los tres primeros números del art. 390, y juntamente con él una contabilidad mendaz en la que se

---

178. MARTÍNEZ-BUJÁN PÉREZ, *Derecho penal económico...*, cit., p. 205. En contra GONZÁLEZ CUSSAC, que ve la tentativa posible pero irrelevante en la práctica. Vid. GONZÁLEZ CUSSAC, «Delitos...», cit., p. 511.

179. PAVÍA CARDELL, «Los delitos...», cit., p. 858; QUINTERO OLIVARES, «Artículo 261», cit., p. 183.

180. MARTÍNEZ-BUJÁN PÉREZ, *Derecho penal económico...*, cit., p. 206.

181. MARTÍNEZ-BUJÁN PÉREZ, *Derecho penal económico...*, cit., p. 208.

182. GALLEGO SOLER, «Capítulo VII bis», cit., p. 922; MARTÍNEZ-BUJÁN PÉREZ, *Derecho penal económico...*, cit., pp. 209 y 210.

incluye su contenido, el tipo del art. 261 CP absorbería el injusto del 393 CP, en aplicación nuevamente del principio de consunción[183]. Dicho precepto es, también, el único que debería venir en aplicación cuando la contabilidad falsa no fuese únicamente el reflejo contable de las falsedades documentales de que se acompaña, sino también de otros datos[184]. Fuera de estos supuestos, en los casos de presentación en el procedimiento concursal de documentos falsificados que no tuvieran reflejo en los datos contables mendaces ya no será posible la consunción de desvalores y habrá que acudir al concurso de delitos.

VI. RESPONSABILIDAD PENAL DE LAS PERSONAS JURÍDICAS (ART. 261 BIS)

Una de las novedades introducidas en el Código penal por la LO 5/2010, de 22 de junio, fue la de declarar la responsabilidad penal de las personas jurídicas (art. 261 bis), duplicándose en ese precepto lo ya previsto en el art. 258 ter (frustración de la ejecución). Las penas previstas son: multa de dos a cinco años, si el delito cometido por la persona física tiene prevista una pena de prisión de más de cinco años; multa de uno a tres años, si el delito cometido por la persona física tiene prevista una pena de prisión de más de dos años no incluida en el inciso anterior; y multa de seis meses a dos años, en el resto de los casos. Con arreglo a ello, la duración máxima de la multa quedará reservada a los casos en que se haya apreciado alguna de las agravantes del art. 259 bis, mientras que en los restantes casos recogidos en los tipos del Título VII bis no podrá exceder de los tres años. Junto con la pena pecuniaria, de imposición obligatoria, se faculta al juez para imponer las sanciones descritas en las letras b) a g) del apartado 7 del art. 33, atendidas las reglas establecidas en el art. 66 bis.

Es preciso hacer una lectura crítica de estas penas, inadecuadas para personas jurídicas que se hallan en situación de insolvencia actual o inminente[185]. Esta impresión se ve reforzada al comprobar que el art. 33.7 incluye otras sanciones que permitirían que la intervención penal estuviese mucho más en consonancia con las necesidades preventivas[186].

De acuerdo con lo dispuesto en el art. 281.4.° TRLC, los créditos «por multas y demás sanciones pecuniarias» reciben la consideración de créditos subordinados, cuyo pago «no se realizará hasta que hayan quedado íntegramente satisfechos los créditos ordinarios» (art. 435.1 TRLC), que, por su parte, se abonarán únicamente «una vez satisfechos los créditos contra la masa y los privilegiados» (art. 433.1 TRLC). El pago de los créditos subordinados —indica el art. 435.2 TRLC— se llevará a cabo «por el orden establecido en esta ley y, en su caso, a prorrata dentro de cada número». Sin embargo, una multa impuesta por hechos realizados con posterioridad a la fecha de

---

183. SOUTO GARCÍA, «Problemática...», cit., p. 909.
184. MARTÍNEZ-BUJÁN PÉREZ, *Derecho penal económico...*, cit., p. 209.
185. GÓMEZ LANZ, «Las insolvencias...», cit., p. 12.
186. SOUTO GARCÍA, «La tutela penal...», cit., p. 173; ROIG TORRES, «La frustración...», cit., p. 47; FARALDO CABANA, «Vuelta...», cit., p. 60.

declaración de concurso conlleva una obligación de pago nacida de la ley (art. 242.13.º TRLC) y, en consecuencia, un crédito contra la masa que se abonará con anterioridad a los restantes créditos concursales «con cargo a los bienes y derechos no afectos al pago de créditos con privilegio especial» (art. 244 TRLC) [187].

---

187.   Sobre ello ROCA DE AGAPITO, L. / SÁNCHEZ DAFAUCE, M., «Las insolvencias y la reforma de 2010», en ÁLVAREZ GARCÍA, F. J. / GONZÁLEZ CUSSAC, J. L. (dir.), *Comentarios a la reforma penal de 2010*, Tirant lo Blanch, Valencia, 2010, p.288; FARALDO CABANA, «Vuelta...», cit., pp. 60 y 61, subrayando los perjuicios que supone la clasificación de la multa como crédito contra la masa para los acreedores.

BIBLIOGRAFÍA

ALASTUEY DOBÓN, C., «Frustración de la ejecución e insolvencias punibles», en ROMEO CASABONA, C. M. / SOLA RECHE, E. / BOLDOVA PASAMAR, M. A. (coord.), *Derecho penal. Parte Especial*, Comares, Granada, 2016.

BACIGALUPO SAGGESE, S., «Insolvencia y Derecho Penal», *La Ley,* n.º 9537 (2010).

BAJO FERNÁNDEZ, M. / BACIGALUPO SAGGESE, S., *Derecho penal económico*, Ed. Centro de Estudios Ramón Areces, Madrid, 2001.

BENÍTEZ ORTÚZAR, I. F., «Frustración en la ejecución e insolvencias punibles», en MORILLAS CUEVA, l. (coord.), *Estudios sobre el Código Penal reformado. Leyes orgánicas 1/2015 y 2/2015*, Dykinson, Madrid, 2015.

CAMPANER MUÑOZ, J., «El derecho penal de las insolvencias. Cuestiones dogmáticas y procesales a la luz de los bienes jurídicos protegidos», *Cuadernos de política criminal*, n.º 113 (2014).

CASTELLÓ NICÁS, N., «El delito de alzamiento de bienes del artículo 257.2 del Código penal (Ley Orgánica 1/2015, de 30 de marzo): naturaleza jurídica y exigencia de declaración de responsabilidad civil en sentencia condenatoria previa», *Cuadernos de Política Criminal*, n.º 115 (2015).

CERES MONTES, J. F., «Perspectiva jurídico-penal del Derecho concursal: la insolvencia punible», *Diario La Ley,* 1995.

COBO DEL ROSAL, M., «Apunte jurisprudencial sobre el delito de alzamiento de bienes», *Cuadernos de Política Criminal,* n.º 106 (2012).

DE LA MATA BARRANCO, N. J., «Delitos de frustración de la ejecución y delitos de insolvencia» en DE LA MATA BARRANCO, N. J. / DOPICO GÓMEZ-ALLER, J./ LASCURAÍN SÁNCHEZ, J. A. / NIETO MARTÍN, A., *Derecho penal económico y de la empresa,* Dykinson, Madrid, 2018.

DE VICENTE REMESAL, J., «Alzamiento de bienes, otorgamiento de contrato simulado y falsedad en documento público: delimitación y cuestiones concursales. Comentario a la STS (Sala 2.ª) de 14 de junio de 1989», *La Ley*, n.º 3 (1990).

DEL ROSAL BLASCO, B., «Las insolvencias punibles a través del análisis del delito de alzamiento de bienes», *Anuario de Derecho penal y ciencias penales,* tomo 47 (1994).

ESQUINAS VALVERDE, P., «La nueva regulación de los delitos de alzamiento de bienes en el Anteproyecto de Código penal de 2012/2013», *La Ley Penal*, n.º 105 (2013).

FARALDO CABANA, P., «Los delitos de insolvencia fraudulenta y de presentación de datos falsos ante el nuevo Derecho concursal y la reforma penal», *Estudios Penales y Criminológicos*, vol. 24 (2004).

FARALDO CABANA, p., «Los delitos de alzamiento de bienes en el proyecto de reforma del código penal de 2013», *Revista Aranzadi Doctrinal*, n.º 6 (2014).

FEIJOO SÁNCHEZ, B. J., «La reforma de las insolvencias punibles», en DÍAZ-MAROTO Y VILLAREJO, J., *Estudios sobre las reformas del Código penal (operadas por las LO 5/2010, de 22 de junio, y 3/2011, de 28 de enero*, Civitas, Madrid, 2011.

FEIJOO SÁNCHEZ, B., *Orden socioeconómico y delito. Cuestiones actuales de los delitos económicos*, BdeF, Buenos Aires, 2016.

FRANCÉS LECUMBERRI, P., «El delito de insolvencia punible documental (art. 259.1 aps. 6.º a 8.º CP). Críticas y claves para su interpretación», *InDret*, n.º 2 (2019).

GALLEGO SOLER, J. I., «Capítulo VII bis. De las insolvencias punibles», en CORCOY BIDASOLO, M. / MIR PUIG, S., *Comentarios al Código penal. Reforma LO 1/2015 y LO 2/2015*, Tirant lo Blanch, Valencia, 2015.

GARCÍA CAVERO, P., *La responsabilidad penal del administrador de hecho de la empresa: criterios de imputación*, Bosch, Barcelona, 1999.

GARCÍA RIVAS, N., «Insolvencias punibles», en ÁLVAREZ GARCÍA, F. J. (dir.), *Derecho Penal Español, Parte Especial (II)*, Tirant lo Blanch, Valencia, 2011.

GARCÍA SÁNCHEZ, A., *La función social de la propiedad en el delito de alzamiento de bienes,* Comares, Granada, 2003.

GÓMEZ LANZ, J., «Las insolvencias punibles en el Código penal», *La Ley*, n.º 9944 (2016).

GONZÁLEZ CUSSAC, J. L., «Delitos contra el patrimonio y el orden socioeconómico (VIII): frustración de la ejecución e insolvencias punibles», en GONZÁLEZ CUSSAC, J. L., *Derecho penal. Parte Especial*, 8.ª ed., Tirant lo Blanch, Valencia, 2023.

GONZÁLEZ PASTOR, C. P., «La insolvencia punible, modalidades previstas en el Código Penal de 1995, en la reforma del mismo y la incidencia en esta materia de la nueva Ley Concursal», *La Ley Penal*, núm. 3 (2004).

GONZALEZ RUS, J. J., «Las insolvencias punibles», en COBO DEL ROSAL, M. (coord.), *Derecho Penal Español. Parte Especial*, Dykinson, Madrid, 2004.

GONZÁLEZ RUS, J. J.: «Delitos contra el patrimonio y contra el orden socioeconómico (VII). Las insolvencias punibles. Alteración de precios en concursos públicos y subastas. Daños. Disposiciones Comunes», *Sistema de Derecho Penal Español. Parte Especial,* en MORILLAS CUEVA, L. (coord.), Madrid, 2011.

GUTIÉRREZ PÉREZ, E., *Alzamiento de bienes e insolvencias punibles. Bases para una teoría general*, Universidad de Alicante, Alicante, 2020.

HUERTA TOCILDO, S., «Bien jurídico y resultado en los delitos de alzamiento de bienes», en ROMEO CASABONA, C. M. / CEREZO MIR, J. / SUÁREZ MONTES, R. F. / BERISTAIN IPIÑA, A. (ed.), *El nuevo Código Penal: presupuestos y fundamentos, libro homenaje al Profesor Doctor Don Ángel Torío López*, Comares, Granada, 1999.

JORGE BARREIRO, A., «El delito de alzamiento de bienes. Problemas prácticos», *Cuadernos de derecho judicial, ejemplar dedicado al Derecho Penal Económico*, 2003.

JOSHI JUBERT, U., «Protección penal de los acreedores», en CORCOY BIDASOLO, M. / GÓMEZ MARTÍN, V., *Manual de Derecho penal económico y de la empresa*, Tirant lo Blanch, Valencia, 2016.

LAURENZO COPELLO, P.: *Los delitos de abandono de familia e impago de pensiones,* Tirant lo Blanch, Valencia, 2001.

MAGDALENA CÁMARA, M., *Aspectos dogmáticos y político-criminales de las insolvencias punibles*, Universidad Autónoma de Barcelona, Barcelona, 2016.

MARCOS CARDONA, M., «El delito de alzamiento de bienes y su compatibilidad con la autotutela ejecutiva. Concurrencia de procedimientos administrativo y penal», *Crónica Tributaria*, n.º 188 (2023).

MARTÍNEZ-BUJÁN PÉREZ, C., «Los elementos subjetivos del tipo de acción (Un estudio a la luz de la concepción significativa de la acción)», *Teoría y Derecho: revista de pensamiento jurídico,* n.º 13 (2013).

MARTÍNEZ-BUJÁN PÉREZ, C., *Derecho penal económico y de la empresa. Parte Especial*, 7.ª ed., Tirant lo Blanch, Valencia, 2023.

MIR PUIG, S. / GALLEGO SOLER, J. I., «Responsabilidad civil derivada de los delitos de alzamiento», en ZUGALDÍA ESPINAR, J. M. / LÓPEZ BARJA DE QUIROGA, J. (coord.), *Dogmática y Ley penal: libro homenaje a Enrique Bacigalupo,* vol. 2, Marcial Pons, Madrid, 2004.

MONTOYA VACADÍEZ, D. M., «STS (Sala de lo Penal, Sección 1.ª) 576/2016, de 29 de junio [ROJ: STS 2983/2016] Alzamiento de bienes y conductas afines», *Ars Iuris Salmanticensis*, vol. 4 (2016).

MORENO VERDEJO, J., «El tratamiento de las insolvencias en el nuevo Código Penal», en SERRANO BUTRAGUEÑO, I. / FONTÁN, M. / RODRÍGUEZ, J. L. (coord.), *El nuevo Código Penal y su aplicación a las empresas y profesionales. Manual teórico práctico*, vol. II, Recoletos cia, Instituto de Estudios Penales Marques de Beccaria, Coopers & Lybrand. Madrid, 1996.

MUÑOZ CONDE, F., «Autonomía del delito de alzamiento de bienes y su relación con otros delitos afines», *Revista Jurídica de Catalunya,* vol. 76 (1977).

MUÑOZ CONDE, F., *El delito de alzamiento de bienes*, 2.ª ed., Bosch, Barcelona, 1999.

NIETO MARTÍN, A., «Las insolvencias punibles en el nuevo Código penal», *Actualidad Penal*, n.º 40 (1996).

NIETO MARTÍN, A., *El delito de quiebra,* Tirant lo Blanch, Valencia, 2000.

OCAÑA RODRÍGUEZ, A., *El delito de alzamiento de bienes. Sus aspectos civiles*, Colex, Barcelona, 1997.

OCAÑA RODRÍGUEZ, A., *El delito de insolvencia punible del art. 260 del CP a la luz del nuevo Derecho concursal: aspectos penales y civiles*, Tirant lo Blanch, Valencia, 2005.

PAREDES CASTAÑÓN, J. M., «Lo subjetivo y lo objetivo en el tipo de alzamiento de bienes» en QUINTERO OLIVARES, G., / MORALES PRATS, F. (coord.), *El nuevo derecho penal español. Estudios penales en memoria del profesor Valle Muñiz*, Aranzadi, Navarra, 2001.

PAVÍA CARDELL, J., «Los delitos de insolvencia punible», en CAMACHO VIZCAÍNO, A. (dir.), *Tratado de Derecho penal económico*, Tirant lo Blanch, Valencia, 2019.

PÉREZ FERRER, F., «Sobre el delito de alzamiento de bienes en los casos de crisis matrimoniales y parejas de hecho», *Revista Internacional de Doctrina y Jurisprudencia*, vol. 30 (2023).

PEREZ MARTINEZ, A. B., *La frustración del derecho de crédito: el delito de alzamiento de bienes y sus tipos específicos (art. 257 CP)*, Universidad de Murcia, Murcia, 2004.

QUERALT JIMÉNEZ, J. J., *Derecho penal. Parte especial,* Tirant lo Blanch, Valencia, 2015.

QUINTERO OLIVARES, G., *El alzamiento de bienes, Praxis*, Barcelona, 1973.

QUINTERO OLIVARES, G., «Frustración de la ejecución», en QUINTERO OLIVARES, G., *Comentarios al Código penal*, Tomo II, 7.ª ed., Aranzadi, Cizur Menor, 2016.

QUINTERO OLIVARES, G., «Artículo 259», en QUINTERO OLIVARES, G. (dir.), *Comentarios al Código penal español*, Tomo II, 7.ª ed., Aranzadi, Cizur Menor, 2016.

QUINTERO OLIVARES, G., «Artículo 260», en QUINTERO OLIVARES, G. (dir.), *Comentarios al Código penal español*, Tomo II, 7.ª ed., Aranzadi, Cizur Menor, 2016.

QUINTERO OLIVARES, G., «Artículo 261», en QUINTERO OLIVARES, G. (dir.), *Comentarios al Código penal español*, Tomo II, 7.ª ed., Aranzadi, Cizur Menor, 2016.

REY GONZÁLEZ, C., «El delito de alzamiento de bienes en el Código vigente y en el nuevo Código (insolvencia punible)», *Revista de Derecho Penal y Criminología,* n.º 5 (1995).

ROBLES PLANAS, R. / PASTOR MUÑOZ, N., «Delitos contra el patrimonio (III)», en SILVA SÁNCHEZ, J. M.ª (dir.), *Lecciones de Derecho Penal Parte Especial,* Atelier, Barcelona, 2023.

ROCA DE AGAPITO, L. / SÁNCHEZ DAFAUCE, M., «Las insolvencias y la reforma de 2010», en ÁLVAREZ GARCÍA, F. J. / GONZÁLEZ CUSSAC (dir.), *Comentarios a la reforma penal de 2010*, Tirant lo Blanch, Valencia, 2010.

ROCA DE AGAPITO, L., «Alzamiento de bienes. Rúbrica del Capítulo VII del Título XIII del Libro II», en ÁLVAREZ GARCÍA, F. J. (dir.), *Estudio crítico sobre el anteproyecto de reforma penal de 2012*, Tomo II, Tirant lo Blanch, Valencia, 2013.

RODRÍGUEZ MOURULLO, G., «Acerca de las insolvencias punibles», en ZUGALDÍA ESPINAR, J. M. / BARJA DE QUIROGA LÓPEZ, J. (coord.), *Dogmática y ley penal: libro homenaje a Enrique Bacigalupo, Vol. 2,* Marcial Pons, Madrid, 2004.

RUIZ BLAY, G., *Análisis de los aspectos fundamentales del delito de insolvencia fraudulenta tras la reforma del Código Penal por la L.O. 1/2015*, Universidad Complutense de Madrid, Madrid, 2017.

RUIZ MARCO, F., *La tutela penal del derecho de crédito*, Dilex, Madrid, 1995.

SÁNCHEZ DAFAUCE, M., *Estudio crítico sobre el delito concursal*, Tirant lo Blanch, Valencia, 2020.

SÁNCHEZ DAFAUCE, M., «Incumplimiento de las obligaciones exigibles y concepto penal de insolvencia», *Revista penal*, n.º 48 (2021).

SOUTO GARCÍA, E., *Los delitos de alzamiento de bienes*, Tirant lo Blanch, Valencia, 2009.

SOUTO RODRÍGUEZ, E., «Problemática concursal en torno al delito de presentación de datos contables falsos del art. 261 del CP», *Anuario da Facultade de Dereito da Universidade da Coruña*, n.º 9 (2005).

SOUTO GARCÍA, E. M., «Frustración de la ejecución e insolvencias punibles», en GONZÁLEZ CUSSAC, J. L. (dir.), *Comentarios a la reforma del Código penal de 2015*, 2.ª ed., Tirant lo Blanch, Valencia, 2015.

SOUTO GARCÍA, E., «La tutela penal del Derecho de crédito tras la reforma operada por la Ley orgánica 1/2015, de 3 de marzo. Los "nuevos" delitos de frustración de la ejecución y de insolvencia punible», *Revista de derecho y proceso penal*, n.º 38 (2015).

VÁZQUEZ IRUZUBIETA, C., *Código penal comentado*, Atelier, Barcelona, 2015.

VIVES ANTÓN, T. S. / GONZÁLEZ CUSSAC, J. L., *Los delitos de alzamiento de bienes*, Tirant lo Blanch, Valencia, 1998.